MAURO CHAV

As idéias de jerico

Com tantos levantamentos e balanços que têm sido feitos final de século e tal-

Mas a transformação de

Querem guerra

tos que, junto a outras minorias, os negros têm enfrentad E essa políti que não "co pensa" nad porque fere a que está quais

Atendendo a insistentes pedidos de leitores amigos, retó o o velho rol. Estou impli ndo muito essa mania e "solar" Naci

Meu

gador sas, 'controdefendeos diretos' do plebiscito e do referendo (direct democratic checks, como dizem os anglo-saxões) como uma forma co plementar indispensáv democracia repres

Suce

ofens

Há assuntos importantes demais para que sejam 'decididos' só por pretensos especialistas

me par to do mes d em q de jura dão não lis do Bra se repete qu to à ausênci coleta de ao uso d mas inad das de c ao lança de resíd fossas ru tares, rios, las mar transf trora Luís dei cé

Quem nã sup suc

as pes da charosa governadora maranhense – fruto da antecipação ilegal de um maciço lançamento televisual, sem o necessário contraditório críticos concor-, a mdeixa cen as

Desde 1985 o Maranhão mantém o pior PIB per capita de todos os Estados brasileiros

Ma ora do m desno ante das orgaações não-gonamentais (GS) no muninteiro e no , seu poder cente de incia na vida mica, solítica, ju nis-

gios, 110 mil em presas conveniadas, 14 mil escolas atuando em parceria, 192 unidades operacionais localizadas

Há um grupo que parece especializado em deton

firmad cos Ce – inclu – no ser sitados e isto é na possuidor dos medi Banco Cen sileiro que p dos na Euro apenas nume cos) para sub dólares, dever lidade daquele o Banco Cent serão devidame rimbados, listad então trocados p moeda.

Sem dúvida alg nicação ao Serpro mente salutar, na Impedira qualquer Imposto de Renda, provenientes de aplica es feitas por brasilei

ou "cob ciedade, con sem recebid to. Estas últi

Coleção Debates
Dirigida por J. Guinsburg

Equipe de Realização – Revisão: Érica Alvim ; Produção: Ricardo W. Neves, Raquel Fernandes Abranches e Lílian Miyoko Kumai.

mauro chaves
EU NÃO DISSE?

Dados Internacionais de Catalogação na Publicação (CIP)
(Câmara Brasileira do Livro, SP, Brasil)

Chaves, Mauro, 1941- .
  Eu não disse? / Mauro Chaves. — São Paulo :
Perspectiva, 2004. — (Debates ; 300 / dirigida por
J. Guinsburg)

  ISBN 85-273-0704-9

  1. Artigos jornalísticos - Coletâneas
2. Chaves, Mauro 3. Jornalismo I. Guinsburg, J..
II. Título. III. Série.

04-6880   CDD-070.442

Índices para catálogo sistemático:
1. Artigos jornalísticos : Coletâneas 070.442
2. Coletâneas : Artigos jornalísticos 070.442

Direitos reservados à
EDITORA PERSPECTIVA S.A.

Av. Brigadeiro Luís Antônio, 3025
01401-000 São Paulo SP Brasil
Telefax: (11) 3885-8388
www.editoraperspectiva.com.br
2004

SUMÁRIO

Prefácio – *Ruy Mesquita* 11

Introdução 15

500 Anos, Sem Vergonha 17

Amanhã, 450 Anos 22

As Razões da Esperança 26

Homenagem ao Recomeço 31

O Digno Trabalho da Dona de Casa 35

Um Pacto, por Tainá 39

Acreditar na Competência 43

Não É Difícil Ser Mário Covas 47

O Hino à Força da Vida 51

Despreparo da Justiça Eleitoral 55

Mandonismo, Servilismo e Cinismo 59

Laranjas do Brasil, Apossai-vos! 63

Juízes, Livrem-se dessa Gorjeta! 68

STJ: Escárnio à Nação 71

Em Honra de uma Imensa Maioria 75

Cúpula da Justiça sob Grave Suspeita 79

CPIs e as Raízes da Impunidade 82

Não Desfibrar os Jovens Servidores 86

A Tranqüilidade dos Facínoras 90

Estelionato Educacional 94

Exemplar Respeito aos Clientes 97

O Tapete Mágico 101

Exigir Preparo não é Preconceito – I 105

Exigir Preparo não é Preconceito – II 109

Exigir Preparo não é Preconceito – III 113

Exigir Preparo não é Preconceito – IV 117

A Majestade do Cargo 121

De Transmissões de Faixa 125

Os *Spreadadores* do Brasil – I 129

Os *Spreadadores* do Brasil – II 133

Adaptemo-nos 137

Governo Fantoche de ONGs e *Lobbies* 141

Planalto Julga Lidar com 300 Picaretas 145

Como Ajudar Lula a Concluir o Mandato 149

A Culpa é do Antonio Candido 153

Va Va Vale Tudo Agora 157

Os Sarneys e o Charme da Miséria – I 161

Os Sarneys e o Charme da Miséria – II 165

Timon e os Miseráveis Satisfeitos do Maranhão 169

As Idéias de Jerico do Século 173

Meu Rol de Implicâncias 177

Das Besteiras Consagradas 181

De ONGs e de ArapONGs 185

A Verdadeira Razão do Celibato Clerical 189

Eucalipto fará o Jequitinhonha de São Paulo? 193

De Discriminação, Direito e Regalia 197

Aviltante Discriminação Racial 201

Querem Guerra Racial no Brasil? 205

Criança, TV, Lei e Bom Senso 209

Semana sem Matança na TV 213

Televisão e Gosto Público 217

De Carona Moral com os Camicases 221

Sucesso é Ofensa Pessoal 225
Impuníveis Bestas-Feras 229
Como se Criaram as Bestas-Feras 233
Pena de Morte 237
Emoção de um Liberal 241
Por que Tanto Medo do Povo? 245
Por Via das Dúvidas, Preparemo-nos 249

PREFÁCIO

Desde que comecei a "bater ponto" diariamente no jornal, já lá se vão 56 anos, os jornais mudaram muito. Quando comecei a freqüentar a redação de *O Estado de S. Paulo*, a imprensa tinha uma função predominantemente noticiosa e era acompanhada sobretudo por leitores ávidos de tomar conhecimento dos fatos do dia-a-dia em primeira mão. Havia os jornais matutinos e os vespertinos com primeira e segunda edições, e os grandes acontecimentos de "última hora" exigiam até edições extraordinárias. Mas o rádio – que nos seus primeiros anos de atividade era puro entretenimento, não dedicando "espaço" importante ao jornalismo –, primeiro, e a televisão, depois, passaram a informar com mais rapidez, chegando à instantaneidade dos dias de hoje, quando os jornais se destacam, basicamente, por sua capacidade de dar ao público, que já tomou conhecimento dos fatos pelos veículos eletrônicos de comunicação de massas, uma visão mais abrangente do contexto em que estes fatos ocorrem.

No meio do tiroteio de notícias disparatadas, numa velocidade vertiginosa, muitas delas sem nexo para a maioria do público, o cidadão do século XXI precisa de um guia confiável para conduzi-lo no emaranhado de mensagens da comunicação selvagem, sob pena de sucumbir à indigestão pelo excesso de novidades a digerir, ou de se ofuscar, a ponto de perder a noção de tempo, espaço, hora e lugar. Daí a importância crescente, além dos editoriais, das páginas de opinião dos jornais – como a nossa A-2, com seu "Espaço Aberto", ou a B-2 do Caderno de Economia, bem como dos espaços ocupados pelos colunistas. Muitos leitores de jornais, se não a maioria deles, hoje, começam, como eu faço, a sua leitura diária por esses espaços. Os jornalistas e/ou colaboradores que os ocupam com competência, cumprem um papel relevante para evitar que os órgãos da mídia – escrita, falada, televisada – se transformem em veículos preferenciais da incompreensão generalizada ou degenerem numa espécie de rebentos bastardos da indústria do entretenimento.

Desde a criação do *Jornal da Tarde*, em 1966, cuja direção me coube, tenho tido o privilégio, o prazer e a alegria de conviver diariamente com esses profissionais da análise, que ensinam o público a pensar e disseminam o espírito crítico. Existe uma diferença básica entre a notícia, que é o mero registro do fato – e que hoje, pelo som ou pela imagem, chega à quase totalidade da população do planeta, e não apenas aos que sabem ler –, e a informação, que é o insumo básico da opinião, matéria-prima desses exegetas da vida cotidiana, não apenas da sociedade nacional, mas de todas as sociedades desta Aldeia Global. Quase todas as notícias, aliás, não são na verdade novidade, mas apenas o registro de novos lances de longos processos em evolução. São recorrentes. Por isso, em tom de humor negro, costumo dizer que novidades nos jornais diários só são encontradas nas seções de falecimentos, uma vez que ninguém morre duas vezes.

12

Mais recentemente, ao incorporar a minhas atividades diárias a direção de opinião do *Estadão*, passei a ter contato quase diário com Mauro Chaves, que, advogado, autor de peças teatrais, consagrado com uma abundante premiação, e de livros e ensaios, pintor bissexto também, começou sua atividade jornalística em 1979, como colaborador do *Jornal da Tarde*, atendendo a meu convite. Meu irmão, Júlio de Mesquita Neto, que dirigia o *Estado* naquela ocasião, gostou de seu estilo e o convidou para ser editorialista, função que exerceu rotineiramente até 1993. Desde 1999, também a meu convite, ele voltou a ser editorialista do *Estadão*, escrevendo sobre temas de sua predileção, como política, cultura, administração pública, movimentos sociais e, sobretudo, assuntos da área jurídica. Quase todo dia converso com Mauro pelo telefone, para trocar idéias, sobre os assuntos que merecem um comentário na nossa página A-3. É como se afinássemos nossos instrumentos, para propiciar, ao leitor do jornal, o melhor que nossas experiências e visões do mundo lhe possam servir, para tornar mais claro o panorama conturbado e, muitas vezes, confuso, do mundo noticiado, diariamente, em nossas páginas.

Duas vezes por mês, aos sábados, no "Espaço Aberto", da página 2, Mauro Chaves faz chegar aos leitores do *Estado* também suas opiniões pessoais. Talvez não seja ocioso nem inócuo advertir que muitas vezes estas opiniões coincidem com as que ele expõe nos editoriais, mas nem sempre isso ocorre. Pois o editorialista põe seu talento de escritor a serviço da lógica, da clareza e do bom estilo, para expressar a opinião do jornal, um organismo vivo, com identidade e pensamentos próprios, com cuja opinião ele nem sempre concorda. Enquanto autor de artigos ele é o Observador Engajado – na definição de Raymond Aron – que contribui para a melhor compreensão dos eventos que vão fazer a História, relatados pela imprensa e exibidos pela mídia eletrônica, com sua visão particular do mundo, das coisas e das pessoas. Semeia idéias, defende ideais e forma opinião.

Primeiro leitor de seus editoriais e habitual leitor de seus artigos, recomendo a leitura desta coletânea, dos textos que ele assina quinzenalmente no jornal, reunidos neste volume. Esta é uma oportunidade para o admirador do estilo do jornalista Mauro Chaves se reencontrar com textos que já leu, mas dos quais se perdeu por culpa da natureza efêmera do material que o jornal veicula. Este livro é uma chance para estes fiéis leitores confirmarem a lucidez, a coerência e a coragem das posições assumidas, publicamente, pelo autor. E para quem ainda não teve a oportunidade de lê-lo no jornal, aqui é possível fruir o prazer de uma leitura que informa, faz pensar, mobiliza e agrada ao mesmo tempo.

Ruy Mesquita

INTRODUÇÃO

Alguém já disse (pensador conhecido, mas de quem não lembro o nome) que as pessoas só se concentram em assuntos que desconhecem. Talvez por isso eu tenha me concentrado em tantos assuntos, ao longo dos últimos anos. Mais importante para mim, no entanto – não necessariamente para meus leitores – é o fato de não me sentir excluído de qualquer assunto humano: *Homo sum et nihil humani a me alienum puto* (essa eu sei que é do Terêncio). E um dos maiores elogios que já recebi de leitores foi a mensagem que dizia: "Ainda bem que o senhor não é nenhum marreco, que anda, canta, nada, avoa, e não faz nenhuma dessas coisas direito".

Certo é que numa coletânea de artigos, como é este livro, não teria sentido ou seria de pouca valia o autor tentar estabelecer, entre eles, uma relação qualquer – temática, estilística ou até cronológica – para demonstrar algum tipo de coerência, ou a obediência a determinados "princípios". Se o leitor, por si mesmo, não fizer essa conexão, é porque ela não existe ou não tem a menor importância – o que, rigorosamente, dá no mesmo. Mas é certo que os artigos contidos neste volume dizem respeito, primeiro, a alguns temas que, a meu juízo, interessam à sociedade brasileira contemporânea e, segundo, refletem o que tenho pensado sobre ela nos últimos tempos.

Quanto as datas, proponho ao leitor um joguinho de memória sobre a época de publicação de cada artigo.

Na seleção dos artigos pensei, inicialmente, em escolher aqueles mais gerais, "institucionais" ou abordando temas de um certo modo permanentes, excluindo do rol os que parecessem ligados demais ao dia-a-dia, enganchados nos acontecimentos que marcam o cotidiano interesse jornalístico, normalmente perecíveis – ou com limitado prazo de validade. Logo entendi, no entanto (e que o leitor perdoe a possível pretensão) que assim como devemos pintar nossa aldeia para sermos universais – como dizia Leon Tolstói –, talvez devêssemos também pintar nossa circunstância (social, política, econômica, cultural) imediata, para dela extrairmos idéias, tendências ou conceitos de natureza mais permanente. E nisso até os textos "datados" me parecem ter uma função etiológica, no sentido de desvendar origens esquecidas de fatos, características e comportamentos atuais, de protagonistas e coadjuvantes da cena pública.

De resto, as observações generosas que o leitor já leu no prefácio de Ruy Mesquita – que só se confundiu ao me atribuir qualidades que são dele – já seriam suficientes (penso eu, sem falsa modéstia) para justificar essa coletânea, que dedico, especialmente, aos batalhões de leitores que me têm enviado mensagens – sejam elogiosas, desaforadas, pertinentes ou "nem aí" – de qualquer forma, sempre estimulantes.

500 ANOS, SEM VERGONHA

Sem ufanismo por nossas riquezas nem inconsciência de nossas misérias, sem "aformosentar nem afear" – como dizia na carta Pero Vaz de Caminha –, devemos, sim, comemorar no dia de hoje os 500 anos do Brasil. É claro que não estamos saudando 500 anos de devastação de nossas florestas, de destruição de nossos ecossistemas, nem de dizimação de nossas populações indígenas. Não estamos homenageando uma colonização voraz e predatória, que pensou muito mais em beneficiar o velho mundo do que em construir o novo. Nem celebramos o fato de termos nascido de um projeto até certo ponto reacionário, porque se originou da Contra-Reforma e não do Renascimento, como dizia Octavio Paz – valendo o foco para toda a América Latina.

Vivemos um momento histórico em que parece vir à tona, torrencialmente, como se estivesse adormecido há cinco séculos, um senso colossal de autocrítica. Todos os nossos "podres" vão sendo expelidos numa imensa catarse

17

coletiva. Artigos, entrevistas, comentários, cartas de leitores – com títulos como "Comemorando a Desgraça", "Eterna Corrupção", "Não Verás País Nenhum", "Brasileiros Moribundos" etc. – nos dão uma amostra desse estado de ânimo. São mensagens de revolta, indignação, desânimo e desalento ante as nossas velhas e novas chagas sociais, que parecem cada vez mais difíceis de serem curadas.

Embora seja saudável a consciência das imperfeições de origem e de certos vícios de formação histórica que podem ter chegado até nossos dias, se continuarmos com essa contabilidade frenética, só de coisas ruins, a maioria dos habitantes deste país entrará em depressão psicossocial e acabará se envergonhando da bandeira brasileira. Não nos devemos cobrar mais do que o faríamos a qualquer povo do mundo. Infelizmente, a História da humanidade, em todos os continentes deste planeta que povoou, é um enorme rol de lutas sangrentas, conquistas, escravizações e dizimações de povos e civilizações. Não fomos diferentes.

Muito se tem dito que o Brasil é o país das benesses concedidas e não conquistadas, das sesmarias. Lamenta-se que aqui não tenha havido uma Revolução Francesa, para acabar com os privilégios de classe, nem uma Guerra de Secessão, para acabar com a escravatura – daí nossa Abolição ter sido a mais tardia. Em parte isso é verdade, mas não nos esqueçamos de que os bandeirantes não esperaram concessões ou permissões para ir brigar por seus sonhos loucos no fundo dos sertões, nem de que não foram poucas nem incruentas nossas lutas libertárias, nem de que não foram pequenos nossos heróis, como Zumbi e Tiradentes, nem de que o Brasil acabou com a escravidão aos 66 anos de nossa Independência enquanto os Estados Unidos só a aboliram aos 88 anos da deles (depois de uma guerra fratricida que deixou três milhões de mortos). E como às pessoas, é preciso julgar as nações conforme a idade – e elas só nascem quando se tornam Estados soberanos.

Na verdade, temos, sim, muito a comemorar, como povo e Nação, começando pelas circunstâncias que transformaram nossa diversidade étnica e cultural numa formidável experiência de convívio entre desiguais, de administração de conflitos e busca de harmonização. Originalmente, já viemos de uma região de intensa e criativa mistura. Como dizia mestre Gilberto Freire:

> Portugal e Espanha não foram nunca ortodoxos em todas as suas qualidades, experiências e condições de vida, européias e cristãs – antes, por muitos e importantes aspectos, parecendo um misto de Europa e África. Árabes e latinos, cristãos e judeus, católicos e maometanos, fizeram da cultura espanhola e portuguesa (porque se trata realmente de uma só cultura composta de várias subculturas) das línguas e dos tipos étnicos da Espanha e de Portugal, produtos mais ou menos contraditórios, de uma espécie de cooperação competidora entre diferentes capacidades humanas, e talvez étnicas, e ainda, entre talentos diversos, culturalmente especializados, e até entre disposições antagônicas. (*Interpretação do Brasil*, José Olympio, 1947)

A esse imenso cadinho étnico-cultural vieram se juntar diversas nações, tribos e culturas indígenas, diferentes nações, tribos e culturas africanas, e, posteriormente, imigrantes de diversos países europeus e asiáticos. Além de Portugal e Espanha, Itália, Alemanha, Polônia, Rússia, Hungria, Turquia, Armênia, Síria, Líbano, Japão e outros, contribuíram, substancialmente, para engrossar e condimentar esse já denso e saboroso caldo de tipos, costumes, crenças, conceitos, valores, modas, ritmos, imaginários, melodias, comidas e sotaques da população brasileira.

Apesar dos vícios patrimonialistas que herdamos, seria injusto dizer que a sociedade brasileira nunca demonstrou, como outras, uma vocação intensa para o trabalho. Demonstrou, sim, só que entre nós o trabalho sempre se associou mais à invenção, à criatividade, do que ao esforço pela auto-expiação que motivou outros povos. É verdade que nem sempre esse excesso de criatividade deu certo. Logo no início da República, por exemplo, recebemos um volume enorme de capital estrangeiro – graças à política do encilhamento – e foram criadas as empresas mais inverossímeis, com garantias de juros do governo. A febre dos negócios fabulosos fazia desvairar as praças brasileiras. Como dizia Machado de Assis (em *Esaú e Jacó*): "Cascatas de idéias, de invenções e de concessões rolavam todos os dias, sonoras e vistosas para se fazerem contos de réis. Todos os papéis, aliás, ações, saíam frescos e eternos do prelo. Eram estradas de ferro, bancos, fábricas, minas e estaleiros".

Para se ter uma idéia da loucura econômica dessa época, basta que se note o nome de alguns bancos de então: Banco Mobilizador, Banco de Crédito Garantido, Banco Impulsor, Banco Esportivo, Banco União dos Carroceiros, Bancária Brasil Teatral, Banco Vitalício do Brasil, Sociedade Anônima Turf-Bank etc. É claro que todo esse clima de euforia, por falta de base, só poderia levar a economia ao desastre. E antes e depois, muitos outros desastres temos tido, crônicos e agudos, econômicos, políticos e sociais, que nos têm levado ao fundo do poço, mas que, graças à mesma capacidade de invenção tem – nos feito saltar para o alto, para a luz e a liberdade.

É de se comemorar, sim, o fato de a sociedade brasileira, a duríssimas penas, ter aprendido o costume dos povos que habitam as democracias civilizadas, que é o de cobrar sempre, enquanto cidadãos, contribuintes ou consumidores. É de se comemorar o fato de ela ter aprendido a não suportar mais os comportamentos nauseantes de detentores de poder público ou privado, envolvidos numa corrupção desenfreada e institucionalizada; assim como não se deixa iludir pelo espalhafato de autoridades que só anunciam – sem jamais cumprir – a adoção de medidas enérgicas de combate à violência e à impunidade.

Na verdade, o que se tem a comemorar é o visível crescimento da consciência de cidadania da sociedade brasileira, a qual, junto às riquezas mentais geradas por esta fantástica mistura humana, com muitos vícios, é verdade, mas livre de tantos outros que apenam tantos povos – como os ódios regionais, raciais, grupais –, é sedimentada por incrível unidade lingüística sobre enorme base territorial. E por isso está, sim, queiram ou não, edificando um novo tipo de civilização nestes tristes trópicos, razão porque devemos entrar com altivez, e sem vergonha, neste terceiro milênio.

AMANHÃ, 450 ANOS

Só um povo generoso e ingênuo, como o paulistano, haveria de considerar homenagem o verdadeiro esculacho com que Caetano Veloso – sem dúvida, um dos bons compositores baianos – tratou esta cidade na cançãozinha chamada *Sampa*, palavra boba e implicante com que muitos forçam a barra para "batizar" nossa majestosa São Paulo. Convenhamos: Que coisa pode acontecer no coração de alguém "que só quando cruza a Ipiranga e a Avenida São João", cruzamento esse sem nadinha de especial? Só se for o susto de ser atropelado, de quem atravessa meio baianamente – isto é, fora da faixa de pedestres. No mais, trata-se de um descarado plágio – disfarçado de "citação" homenageadora – da *Ronda*, do ótimo Paulo Vanzolini. E desde quando as meninas paulistanas têm uma "deselegância discreta"? Ao contrário, quem sabe apreciar mulheres prefere a "elegância discreta" das paulistanas à indiscreta deselegância de muitas outras.

A musiquinha que pretende homenagear São Paulo fala de "mau gosto" três vezes (não se contenta com uma), de "avesso" quatro vezes (*idem*), fala "da feia fumaça que sobe apagando as estrelas", repete a bobagem que diz que São Paulo é o "túmulo do samba" – o samba de São Paulo é ótimo, túmulo do samba é a axé-music – e, como se fosse um consolo, diz que a cidade é um "possível novo quilombo de Zumbi" e que novos baianos a "podem curtir numa boa". A certa altura, Caetano Veloso justifica o "difícil começo" de seu relacionamento com São Paulo dizendo que veio de "um sonho feliz de cidade". Quem conhece sua terra – a chinfrim Santo Amaro da Purificação – entenderá que se trata de puro bairrismo do compositor, sem qualquer base estética. Agora, bem que ele poderia usar seu indiscutível talento para fazer uma canção à altura da grandeza de São Paulo – tomando o cuidado para não plagiar *New York, New York* nem *Cidade Maravilhosa...*

Mas, discutíveis homenagens à parte, talvez o maior defeito do povo paulistano seja não valorizar, pelo menos suficientemente, suas próprias qualidades. O paulistano é, antes de tudo, um respeitador do espaço e da intimidade alheia. Não faz visitas sem avisar, não costuma se aboletar como hóspede na casa de parentes ou amigos, não força intimidade. Sem disposição alguma de parecer hospitaleiro, o paulistano não se deixa invadir nem invade a privacidade do próximo, não se mete em conversa para a qual não foi chamado. Mas na hora da real – e não só potencial – necessidade, acode sem hesitar, não mede esforços, é solidário ao extremo. O paulistano tem um especial senso de proporção e equilíbrio. É discreto, mas não se incomoda com quaisquer indiscrições. É despreconceituoso em relação ao modo de vestir, de falar e de comportar das pessoas, não "repara" como os outros estão e muito menos cochicha a respeito. Em São Paulo, ninguém se choca com ninguém e ninguém deboca de ninguém, por mais diferente e esquisito que o outro possa parecer. Aí está, certamente, a riqueza ética da tolerância, de uma sociedade misturada – intensa, nacional e internacionalmente.

Os paulistanos mantém determinados códigos não escritos, que às vezes têm, mas outras não têm nada que ver com as leis. Por exemplo, ao contrário do que ocorre em muitas outras capitais brasileiras (onde noite e dia os carros berram à vontade), ninguém buzina na cidade de São Paulo, a não ser em situações de risco ou emergência. Também, ao contrário de muitas outras capitais, nesta cidade raramente alguém deixa um carro em cima da calçada, muito menos desbrecado. Na infernal competição do trânsito – que aqui é das mais exacerbadas –, há um código curioso observado pelos paulistanos: Se alguém quer passar de uma fila de carros para outra, "cortar" para virar numa esquina, sair de uma vaga em que está estacionado ou da garagem de um prédio para entrar no fluxo do tráfico, é prontamente impedido, não raro com manobras agressivas de "fechamento", por seus intolerantes "concorrentes" no trânsito. Mas é só se fazer um mínimo gesto de solicitação de passagem, um pequeno e discreto pedido de "abre-alas", para se ser imediatamente atendido, com a melhor boa vontade e, freqüentemente, um generoso sorriso. Isso, no fundo, traduz uma característica essencial da alma paulistana: A exigência de respeito.

Mas, em São Paulo, há outros códigos não escritos para um sem-número de coisas: Por exemplo, quem disse que os bares e restaurantes populares têm que servir virado à paulista na segunda-feira, dobradinha na terça, feijoada na quarta, macarrão com frango na quinta, peixe na sexta e, novamente, feijoada no sábado? Quem disse – aliás, a lei diz o contrário – que os veículos têm que andar à noite com meia luz, para não ofuscar o motorista que vem em sentido contrário? Quem disse que nos fins de semana os homens paulistanos têm que colocar suas bermudas para ir aos passeios, parques e restaurantes, como se estas fossem uma espécie de bandeira branca, a anunciar a trégua na encarniçada competição da semana útil?

O que mais distingue uma reunião social em São Paulo é que aqui as pessoas costumam conversar com as outras olhando nos olhos, ouvindo o que as outras estão dizendo, enquanto em outros lugares as pessoas aparentemente olham para os que estão conversando com elas mas, pelos cantos dos olhos, estão prestando mais atenção é em quem chegou, em quem saiu, em quem está e em quem está falando com quem. É que os paulistanos se concentram mais nos temas, nos assuntos, nas informações, nas trocas de pontos de vista, enquanto os de outras capitais se concentram mais nos gestos, nos trajes, nas silhuetas, nos bronzeados, nas poses e nos trejeitos das outras pessoas – com as exceções de praxe, que sempre confirmam a regra.

Enfim, entre códigos espontâneos, traços marcantes, diferenças assimiladas, linguagens sobrepostas e um sumo empreendedor que parece jorrado de todos os cantos do mundo e do Brasil para gerar esta cidade pujante que conduz – e não é conduzida –, quatro séculos e meio de luta, de generosidade e de altaneria estão aí, como que para demonstrar o produto e a força de uma síntese brasileira.

AS RAZÕES DA ESPERANÇA

Pouco importa se hoje é ou não é o primeiro dia do novo século e do novo milênio. Pouco importa se existe ou não a "força simbólica" que certos grupos religiosos, certos marqueteiros habituais ou certos interesses "midiáticos" tentaram associar a esta passagem de ano. O que mais vale é descobrir se há ou não boas justificativas para o povo brasileiro ter a esperança de que anos melhores virão. Às vezes a distância que separa a impossibilidade da oportunidade só pode ser medida pela força da vontade, que se apóia numa convicção ou numa crença. Será que a sociedade brasileira tem, de fato, empenhado sua vontade – e sua convicção, e sua crença – num projeto de democracia, de desenvolvimento e de justiça social? Dizia o saudoso Octavio Paz que, apesar das ditaduras, dos caudilhismos, dos golpes militares e de todas as crises institucionais, os povos latino-americanos jamais desistiram de um projeto verdadeiramente democrático. A recente história política brasileira confirma esse desideratum. E também demonstra que o conseguimos concretizar com mais maturidade do que nossos vizinhos. O Brasil soube livrar-se de uma longa ditadura militar sem ter de passar pelo vexame trágico de uma derrota militar externa, como a da Guerra das Malvinas, sem ter de submeter-se ao constrangimento cívico de manter um general-senador-biônico-vitalício, como Pinochet, sem ter de enfrentar quarteladas revanchistas ou corporativistas e sem precisar de ditadores "democráticos", do tipo Fujimori ou Chávez. Nossa democracia é plena, sólida e à prova de quaisquer imbecilidades golpistas – venham de políticos ou de militares.

O que já superamos, em vários campos, nestes difíceis últimos anos, nos autoriza a acreditar que teremos fôlego e fibra para superar velhos e novos desafios, nos (com certeza) também difíceis próximos anos. É verdade que nas duas últimas décadas passamos por um cruel revezamento entre esperanças e decepções. Depois de uma portentosa mobilização popular, a das Diretas Já, iniciada pelo saudoso governador Franco Montoro na Praça da Sé, tivemos a derrota da Emenda Dante de Oliveira no Congresso. Depois da eleição indireta de Tancredo Neves, em quem todos depositávamos as melhores esperanças, veio a morte antes da posse. Depois da esperança no Plano Cruzado, no governo Sarney, em que o país parecia estar se tornando civilizado, veio o "estelionato eleitoral" e a volta da inflação galopante.

Depois da promulgação da tão comemorada "Constituição cidadã", do doutor Ulysses, veio a triste conclusão de que, afora a moderna proteção dos direitos e garantias individuais, ela deixou o país economicamente inviável e administrativamente ingovernável. Depois da esperança na primeira eleição presidencial direta, veio o confisco da poupança, o fracasso do Plano Collor, a corrupção generalizada da "República das Alagoas". E depois das justificadas esperanças nas qualidades intelectuais, políticas e morais de FHC, assim como na recuperação da dignidade monetária nacional, via Real, veio a decepção com a recessão, a estagnação, a quebradeira geral, a descapitalização nacional, os juros galácticos, o desemprego em massa, enfim, a bruta crise – é verdade que, em parte, decorrente da conjuntura externa, mas também fruto de memoráveis pisadas em polpudos tomates, ministeriais e presidenciais.

Mas a sociedade brasileira tem sabido reprocessar as decepções acumuladas e transformá-las em fulcro de crescimento da consciência de cidadania. De tantos planos econômicos que fracassaram em eliminar a inflação – Cruzado, Cruzado Novo, Bresser, "Feijão-com-Arroz", Collor etc. – acabou surgindo um (o Real Maxidesvalorizado) que, pelo menos parcialmente, está dando certo, porque a população aprendeu a comparar os preços, discutir, negociar, pechinchar e defender-se da inflação.

Graças ao *impeachment* de Collor – quando os caras-pintadas repetiram os camisas-amarelas da Diretas Já –, à CPI* dos "anões do orçamento", às outras CPIs, às várias cassações de deputados federais por quebra do decoro, à descoberta (pelas CPIs do Narcotráfico e do Judiciário) da ampla conexão do crime organizado com setores dos Três Poderes da República, a ética na política e o combate à impunidade passaram a ser cobrança permanente, intensa e diuturna de todos os segmentos sociais do País.

Também, nos últimos tempos, a sociedade brasileira aprendeu a reclamar, a reivindicar direitos, a cobrar serviços do poder público. Em vez de o cidadão permanecer submisso e cabisbaixo em frente de um guichê de repartição pública, perante um funcionário prepotente, ele hoje se põe em sua real condição de "patrão-contribuinte", que paga o salário desse servidor e por isso tem toda a autoridade de exigir bom atendimento.

Graças a esse aprendizado, que não é outra coisa que a consciência de cidadania, a população brasileira adquiriu o hábito, típico das democracias contemporâneas, de montar associações civis cada vez mais atuantes e participati-

*. Comissão Parlamentar de Inquérito.

vas. Hoje, no Brasil, as Organizações Não Governamentais (ONGs) crescem em número e em importância, tendo se tornado canais extremamente eficientes de comunicação dos cidadãos com o espaço público, as esferas e instâncias de poder.

Há dez anos temos em funcionamento um bom Código de Defesa do Consumidor, que, além de tornar o consumidor mais respeitado, contribuiu para a melhoria de qualidade de produtos e até aperfeiçoamento de embalagens. E, mais recentemente, temos, em elaboração no Congresso, um projeto de Código do Contribuinte, destinado a equilibrar um pouco mais o ainda muito desequilibrado relacionamento entre o Estado e o cidadão. Há um Código Nacional de Trânsito que tem diminuído os vergonhosos recordes mundiais de acidentes que desfrutamos durante tantos anos. Apesar de todas as críticas que têm recebido – e, precisamente, em razão delas – nossos Poderes Legislativo e Judiciário têm melhorado nos últimos anos. O primeiro começa a quebrar o próprio corporativismo, que confunde imunidade com impunidade, e o segundo inicia – é verdade que ainda a contragosto e muito lentamente – um processo de abertura de sua inexpugnável caixa-preta.

Hoje, a sociedade brasileira – assim como todos os governos de todos os partidos – tem a plena consciência de que educação e saúde são as prioridades das prioridades nacionais, tanto que, ao contrário do que ocorria há pouco tempo, para essas áreas têm sido alocados mais recursos e para comandá-las têm sido escolhidos os políticos e/ou administradores mais competentes. E isso já tem produzido resultados positivos, estatisticamente mensuráveis (IBGE*). A sociedade também cobra, como nunca antes – nesse caso ainda com pouco resultado –, políticas mais eficazes em favor do meio ambiente.

É claro que nosso país vai chegando aos 500 anos com um sem-número de desafios e prioridades sociais. Mas, se

*. Instituto Brasileiro de Geografia e Estatística.

fosse para escolher um combate primordial, equiparável ao que derrotou a ditadura e a inflação, escolheríamos um que, tanto como esses, teria a capacidade ilimitada de eliminar outras tantas mazelas nacionais, ou seja: o combate à impunidade.

Este é o nosso terceiro ogro que, se Deus quiser, também está com os dias contados.

HOMENAGEM AO RECOMEÇO

Já que, como lamentava o magnífico ator Vittorio Gasman, a vida não é duas, uma para ensaiar e outra para viver, só nos resta, quando necessário, dividi-la em duas fases: a do começo e a do recomeço. E talvez na forma como se enfrenta a segunda esteja uma das melhores aferições da força do caráter humano, ou o teste de como as pessoas cumprem sua obrigação primordial perante a própria espécie. Neste sentido, o exemplo dos que se utilizam de um estoque inesgotável de esperança, de confiança, de teimosa insistência e incontida perseverança para celebrar um pacto com a vida, por sobre todas as dificuldades e sofrimentos impostos pelo Destino – o melhor resumo dos quais está naquela inspirada descrição do poeta Chico Buarque, da máxima dor ligada ao dever de continuar existindo, que diz "é arrumar o quarto do filho que já morreu" – devem ser enaltecidos pelos que ainda acreditamos na superioridade dessa criatura chamada ser humano, tão dolorosamente frágil, imperfeita e finita, e, ao mesmo tempo, tão inimaginavelmente resistente, poderosa e ilimitável.

Um dos artigos que me deram maior satisfação de escrever este ano foi "O Hino à Força da Vida"*, comentando o livro de Margarida Oliva e Guilherme Salgado Rocha (*Um Quarto com Vista para o Mundo*, Loyola), sobre Maria de Lourdes Guarda, uma mulher paulista (de Salto) que passou 48 anos *deitada* em um leito de hospital, agüentando, sem reclamar, sem esmorecer e, sobretudo, sem perder a alegria de viver, as dores mais insuportáveis, lancinantes, que lhe castigavam o corpo de maneira quase contínua. Depois de 25 anos de tentativas (cirurgias na coluna, amputação de perna etc.) a moça, que pretendera ser freira, convenceu-se de que sua doença não tinha cura e jamais levantaria. Então incumbiu-se de um esplêndido recomeço: Passou a desenvolver uma notável obra social, em conexão com entidades e instituições de várias partes do País e do mundo, ao mesmo tempo em que atendia, em seu leito hospitalar, centenas, milhares de pessoas, as quais orientava, consolava, reanimava e dava sempre novas esperanças. E ela deixou escrito um agradecimento: "a cada um dos irmãos que têm me trazido, todos os dias, momentos felizes e alegres de convívio, que me fizeram sempre estar presente, neste mundo, acompanhando a evolução – muito embora todos possam pensar ou imaginar isso impossível, aqui dentro destas quatro paredes".

Outro recomeço extraordinário foi o do jogador do Santos F. C., Narciso dos Santos – com toda a justiça apelidado de "O Guerreiro da Vila" – o único esportista do mundo que venceu a leucemia e voltou a exercer suas atividades desportivas regulares, depois de três anos de tratamento. Ele sofreu tanto que quase chegou a um ato de desespero, depois que fracassaram os testes com os primeiros seis possíveis doadores para o transplante de medula que necessitava. Mas resistiu, até que deu certo o teste feito com uma irmã.

*. Ver pp. 51-54.

É claro que, como o próprio jogador reconheceu, para sua recuperação foi fundamental o apoio e a solidariedade da família, do seu clube – e respectivo treinador –, dos amigos e torcedores. Mas é indiscutível que o maior apoio veio de si mesmo: Da capacidade de o jogador acreditar, ao dedicar-se a extenuantes esforços, em seu próprio recomeço.

E o que dizer da professora Andréa Salgado, que deu uma lição de coragem, de esperança e de pacto com a vida, depois de ter suas pernas amputadas – por acidente de barco em Itacuruçá? Ao sair do hospital ela disse: "Estou feliz por estar viva e poder continuar cuidando da minha família. Perdi as pernas, mas não a vontade de viver".

O famoso pianista – e agora maestro iniciante – João Carlos Martins, sem dúvida, merece um lugar especial, na galeria dos teimosíssimos enfrentadores do Destino. Depois de ter desfrutado, dos dezoito aos 25 anos, a vida com que qualquer jovem músico sonharia – com contratos de gravações, concertos em salas importantes do mundo, grande visibilidade artística na mídia internacional – até por suas polêmicas interpretações –, João Carlos entrou num purgatório (que teve momentos de inferno dantesco) nos trinta anos seguintes, quando foi obrigado a largar o piano, em períodos intermitentes, por catorze anos, por lesão em nervos do braço e da mão – por queda em partida de futebol –, depois Síndrome de Esforços Repetitivos, depois paralisação de movimentos devido a um derrame em conseqüência de uma pancada na cabeça sofrida durante um assalto na Bulgária. O calvário passado pelo pianista nos sucessivos tratamentos – para tentar voltar a tocar –, assim como o reconhecimento mundial de sua obra de execução pianística (como a gravação da integral de Bach) estão bem registrados no emocionante documentário da cineasta alemã Irene Langemann, com o bachiano título *A Paixão Segundo Martins*.

Mas o máximo de sofrimento moral de Martins não decorreu da música – ou da impossibilidade de praticá-la e, sim, da ação mais desastrada de sua vida, que foi a participação, por meio de sua empresa Pau Brasil, do esquema de captação de recursos para as campanhas eleitorais de Paulo Maluf (ao tempo em que recursos de pessoas jurídicas em campanhas eleitorais ou fundos partidários eram proibidos por lei). O pianista sofreu um dos maiores achincalhes desferidos contra figuras públicas no País – sendo que jamais recebeu um mísero telefonema de solidariedade do próprio político com o qual se enlameou perante a mídia. Mas João Carlos Martins – com o apoio de sua valorosa companheira Carmen – está "dando a volta por cima", com toda a pompa e circunstância (como é de seu incorrigível estilo), como puderam testemunhar, recentemente, os que assistiram à bela metamorfose do pianista em maestro, na Sala São Paulo – além de sua comovente interpretação do Hino Nacional, dispondo só dos movimentos de alguns dedos.

São apenas exemplos ilustrativos dos muitos milhares de recomeçados, que reconstroem suas carreiras, recomeçam seus casamentos, reerguem suas empresas, recriam suas famílias, e assim ultrapassam – mesmo sem esquecê-las – todas as perdas passadas, porque estão imbuídos da responsabilidade maior, que é seu compromisso com a continuidade da vida. A estes, esta minha homenagem de fim de ano.

O DIGNO TRABALHO DA DONA DE CASA

Quatro anos depois de morta, uma mulher "ganhou", em grau de recurso, no Superior Tribunal de Justiça (STJ) – após ter perdido em primeira instância e no Tribunal de Justiça do Rio – uma indenização correspondente à merreca de um real por dia, pelos dez anos em que, vivendo com seu companheiro, dedicou-se, exclusivamente, às chamadas "tarefas do lar". Durante o julgamento, o relator do recurso no STJ (segundo matéria de Mariângela Gallucci, no *Estado*) observou que a jurisprudência do tribunal "é pacífica no sentido de que são indenizáveis os serviços domésticos prestados pela companheira durante o período de vida em comum". Imagine se se não fosse! O episódio é um pequeno espelho da desvalorização e do preconceito existente contra as mulheres que optam pelo trabalho "apenas" doméstico, as "donas de casa" propriamente ditas, que, embora não tenham atividade remunerada, não deixam de exercer um trabalho extremamente importante e digno – o de cuidar da casa, dos filhos e até (pasmem!) do marido. Apesar disso, são marginalizadas até nas estatísticas e tabelas divulgadas pelo IBGE, visto que não integram, a rigor, nem o universo das desempregadas nem o das empregadas domésticas...

É evidente, como comprovam as *Estatísticas do Século XX* lançadas pelo IBGE, que uma das mais revolucionárias mudanças no século XX, no mundo e no Brasil, foi a da condição feminina. A mulher conquistou direitos políticos e liberdade de atuação profissional, entrou e agigantou sua participação no mercado de trabalho – não só para complementar a renda da família mas para realizar-se profissionalmente e adquirir independência econômico-financeira –, chegou ao fim do século representando 40% da população economicamente ativa e quase 25% dos responsáveis pela sustentação dos domicílios (embora o rendimento feminino ainda seja 71,5% do masculino e, enquanto a provedora da família ganha em média R$ 591, o provedor receba R$ 827).

Também é claro que a pílula anticoncepcional e a esterilização feminina, a partir da década de 1960, não só derrubaram a taxa de fecundidade (cuja média era de 6,2 filhos por mulher em 1940, 4,4 em 1980 e 2,3 em 2000) como contribuíram, decisivamente, para libertar a mulher da obrigatoriedade de dedicar-se, integralmente, à família – dando-lhe assim condições bem melhores de realizar seus sonhos e projetos individuais. Mas aquilo que era direito conquistado transformou-se em obrigação social imposta, de tal forma que a mulher passou a ser marginalizada, pela sociedade, se optou – mesmo durante um determinado período de sua vida, em que prefira cuidar diretamente de seus filhos – por dedicar-se com exclusividade à própria família.

Na base desse preconceito cultural está a influência, que ainda perdura, de um certo tipo de feminismo ultrapassado, radical. Este, certamente, nada tem que ver com as idéias feministas de profissionais competentes e realizadas (além de bonitas) como, para citar só dois exemplos, a procuradora de Justiça e escritora Luiza Nagib Eluf e a jornalista e apresentadora Maria Lydia Flandoli. Um feminismo moderno, como o delas, não cerceia a livre opção da mulher nem cobra a participação de todas no mercado de trabalho. Mas o que prevalece no meio social "politicamente correto" é a discriminação das mulheres típicas "donas de casa", mesmo que grande parte das excelentes profissionais de hoje tenham desfrutado da dedicação integral e exclusiva de suas mães, nos períodos de sua formação, e mesmo que muitas mulheres hoje provedoras também necessitem da função doméstica exercida integralmente por suas mães, sogras ou tias – no cuidado dos netos ou sobrinhos – para trabalharem fora. Por outro lado, talvez como resultado de uma visão geral de esfacelamento da família – que nem sempre corresponde à verdade – na mídia (mais recentemente na publicidade) se faz uma supervalorização das unidades familiares compostas apenas de mãe e filhos, como se o homem fosse um elemento inteiramente estranho ao grupo familiar.

Homens e mulheres deveriam ter a plena liberdade de dividir, da forma que lhes fosse mais conveniente, as funções na casa, o trato dos filhos e o trabalho visando a obtenção de rendimento para a manutenção da família. Mas parece que hoje em dia se torna cada vez mais reprovável o fato de a mulher, nessa divisão de funções, ficar, de livre, espontânea e prazerosa vontade, com o berço, a cozinha, a copa e a lavanderia – o que é desejo de um vastíssimo contingente feminino, de todas as camadas sociais (se bem que nas mais pobres às vezes isso pode até significar a única opção). É como se a livre vontade de milhões de mulheres representasse, tão somente, uma humilhante submissão à rude imposição machista. Com certeza, foi para atender aos ditames dessa visão "politicamente correta" que a prefeita Marta Suplicy, em recente entrevista, deu a entender que sente orgulho de seu próprio horror pela cozinha – a qual delegou *in totum* ao novo marido.

É preciso que se respeite muito – ou se volte a respeitar – a liberdade de opção daquelas mulheres que não fazem questão de "trabalhar fora" – quando as circunstâncias de vida não a obriguem a isso – porque a satisfação pessoal, a realização profunda de seu projeto de mãe (e/ou de companheira), o sentimento de prazer cotidiano que lhes dá acompanhar de perto, em todos os pormenores, a evolução física e mental de uma criança, assistindo, com admiração e ternura, àqueles momentos preciosos do processo de entendimento de um ser humano, a captação mágica das informações, sobre o mundo e a vida, que vai fazendo quem saiu de seu ventre, tudo isso pode significar, para ela, pelo menos durante um bom período de sua vida, uma experiência existencial insubstituível – nem sempre detectável pelas estatísticas e tabelas do IBGE...

UM PACTO, POR TAINÁ

A morte da menina Tainá Alves de Mendonça, de cinco anos, foi uma brutalidade em estado puro. Outras brutalidades praticadas contra nossas crianças, costumam estar associadas a diferentes formas de violência em curso na sociedade, decorram elas da miséria e da fome, da insensibilidade social, do descaso, da impunidade, da perversão da pedofilia, da sordidez da exploração da prostituição infantil, da doença mental ou da simples incompetência governamental. Mas essa tragédia, embora outras desgraças de nossa sociedade – como a agressividade no trânsito e o uso de armas de fogo – tenham se associado ao estúpido crime, revela uma estranha autonomia. É como se não dependesse de outros tipos de violência social e constituísse uma categoria à parte de desrespeito à vida humana, praticado por cidadãos não delinqüentes, antes pacíficos e, provavelmente, muito amorosos – o que não os torna menos monstruosos.

Amorosos como o tio Fabio Valente de Mendonça Júnior, que, depois da comemoração do dia dos pais, na casa dos avós de Tainá – onde a menina linda, inteligente, que adorava música e pretendia ser artista, certamente animou a feliz reunião, como sempre –, levou-a para passear de carro, junto com seu irmãozinho Lucas, de dois anos, e um cachorrinho da família. Mas o tio Valente encontrou uns amigos no caminho e parou para conversar com eles. Enquanto conversavam, fora de seu carro, um Monza deu um ligeiro raspão no pára-choque traseiro do Astra azul do amigo, o advogado Marcos Vassiliades Pereira, que estava acompanhado do empresário Alexandre Certo. Foi um raspão que talvez nem exigisse conserto. Quem sabe só uma pinturinha já bastasse. Mas o motorista do Monza fugiu e por isso não vacilaram em correr atrás dele o advogado Vassiliades, dono do Astra, e o empresário Certo. O tio Valente não pensou duas vezes – isto é, não pensou nas duas preciosas cargas que levava em seu Kadett – e também partiu atrás, solidário com o amigo, na perseguição do arranhador de pára-choque – sem saber que logo adiante este se tornaria um assassino.

Por aí já se percebe a disparidade de valores em jogo. De um lado, um simples pára-choque arranhado, a vontade de ser ressarcido por uma lesão mínima ao patrimônio. De outro lado, a vida, os sonhos e tudo o que uma criança representa, em termos de riqueza e de esperança, para a vida do homem neste planeta. Como se explica que essa desproporção brutal de valores não seja captada de imediato? O que vale mais do que o cuidado extremo com as crianças?

Esse cuidado tem sido sistematicamente desprezado, por exemplo, por pais e parentes que carregam crianças no banco da frente dos veículos ou no banco de trás sem cinto de segurança – levando-as ao risco de, nos acidentes, voar para fora, rebentando o vidro e esborrachando-se no asfalto ou na calçada – ou pelos que deixam de colocar os bebês nos assentos especiais (obrigatórios por lei) para sua proteção.

Agora, ultrapassou os limites da irresponsabilidade o tio que levou seus dois pequenos sobrinhos numa perseguição motorizada de conseqüências tragicamente imprevisíveis – como imprevisíveis, com seus riscos fatais, são quaisquer conflitos de trânsito na cidade de São Paulo. Esse tio Valente, com duas crianças, saiu atrás de um desconhecido, sem noção alguma de seu grau de agressividade, de suas condições psíquicas ou emocionais, de seu estado (de sobriedade ou embriaguez) ou de seu "equipamento" de defesa.

Localizado o Monza, na praça Panamericana, a perseguição continuou até o motorista parar – com três pneus furados – e dar vários tiros em seus perseguidores, atingindo o advogado e matando Tainá, com um tiro na cabeça. Rodrigo Henrique Farramba Guilherme, suspeito da morte de Tainá, não tem porte nem registro de arma.

Os que defendem, com veemência, a proibição total da comercialização, do registro e do porte de armas – apoiando projetos que tramitam no Congresso com essa finalidade – não têm demonstrado o mesmo empenho na luta contra a circulação e o porte ilegal de armas, não têm cobrado dos poderes públicos uma ação mais enérgica de fiscalização e repressão, nesse sentido. Se é desejável reduzir-se ao máximo ou praticamente eliminar o porte de armas no Brasil, é claro que muito mais urgente é fiscalizar, para reprimir, punir e eliminar, a circulação e o uso de armas ilegais – como a que tirou a vida de Tainá.

Quem vai entrar em um banco passa por um processo de rígida inspeção, pela porta giratória e outros sistemas, já se tendo observado até pessoas idosas sofrerem a humilhação de ficar quase sem roupa, em razão de objetos metálicos em seu corpo, captados pelos eficientes detectores. Mas com que freqüência se tem visto, na cidade ou nas estradas, carros sendo vistoriados, com rigor semelhante, para saber se não levam armas sem registro ou portadas ilegalmente?

De 2000 a 2001 aumentou em 175% o número de homicídios praticados com armas de fogo contra menores de dez anos. De 1996 até o primeiro semestre deste ano, muitas dezenas de menores de dez anos foram mortos por estrangulamento, afogamento e facadas, sem falar das balas perdidas, que parecem ter uma atração diabólica pelos infantes. Como se vê, a violência cometida contra as crianças é, de fato, um capítulo à parte na violência geral, em curso na sociedade.

Muitas e de duvidosos resultados têm sido as campanhas pela "paz no trânsito" e pelo "desarmamento". A charmosa Tainá, alegre e comunicativa, que era fã da cantora Kelly Key e do grupo RPM, que "tinha uma liderança natural e se dava bem com todos", como disse sua desolada professora Maria da Glória Paranhos, e que no dia dos pais foi sacrificada, como conseqüência de um simples arranhão em um pára-choque de carro, tornou-se uma vítima – símbolo da dupla estupidez: da agressividade no trânsito e das armas. Quem sabe ou, pelo menos, imagina, o que seja a perda de um filho – de longe, muito longe, a maior dor que pode sofrer um ser humano – deveria, pensando em Tainá, e em todo o futuro que lhe foi brutalmente arrancado por um arranhão no pára-choque de um Astra azul, participar de um pacto tácito: Já que a paz no trânsito é impossível, já que o controle das armas é improvável, matemo-nos nessa selva estúpida – mas poupemos nossas crianças. Não deixemos nossos mesquinhos valores lhes roubar o futuro, os sonhos – a vida.

ACREDITAR NA COMPETÊNCIA

Amanhã a sorte pode até nos ajudar – e queira Deus que o faça –, mas conquistaremos o sonhado penta graças a nossa competência. Talvez esta Copa tenha demonstrado, melhor do que todas as anteriores, o verdadeiro potencial de estímulo ao orgulho coletivo nacional que o futebol é capaz de exercer em quase todos os povos do mundo, o que não encontra paralelo em nenhum outro tipo de competição, esportiva ou de qualquer espécie. E a mobilização popular, que tem levado milhões de pessoas às praças públicas (com exceção, talvez, dos nossos rivais alemães, que se disfarçam de humildes) tanto nos países que tradicionalmente cultivam o futebol como naqueles mais recentemente "contaminados" pela febre de entusiasmo que esse esporte desperta – cujo melhor exemplo é a Coréia do Sul –, faz com que nos demos conta de que o mundo também parece reconhecer a dimensão real dessa maravilhosa invenção lúdica inglesa, cujos principais componentes são a criatividade na movimentação espacial, a habilidade na coordenação motora, a inteligência tática, o preparo físico, a rapidez de raciocínio, a visão estratégica, a comunicação na parceria, o esforço solidário, a firmeza no propósito, a garra no ânimo e a graça no movimento, tudo isso em função de um espetáculo que tem o poder mágico – e até certo ponto catártico – de sublimar intensas paixões.

Sim, o futebol é isso e somos, há bastante tempo, muito bons nisso. Mas às vezes um certo senso crítico – ou de autocrítica – que tem se revelado extremamente salutar, na detecção de tantos vícios públicos (políticos, administrativos, morais) que castigam o povo brasileiro, se hipertrofia, extravasa e extrapola, a ponto de rebaixar a níveis deprimentes o grau de auto-estima nacional. E nisso vão escoando pelo ralo, de cambulhada, todas as certezas de nossa competência, como se não evoluíssemos na superação de nossos velhos defeitos e nem mesmo tivéssemos a capacidade de preservar nossas velhas qualidades, amplamente reconhecidas pelo mundo afora.

É verdade que para esse processo de demolição da auto-estima brasileira muitas vezes contribui a inoculação de uma espécie de vírus, portador da inveja e do despeito. A certa altura do artigo que publiquei há oito meses, nesta página ("Sucesso é Ofensa Pessoal"[*]), dizia eu:

O médico Gérard Saillant, badalado cirurgião francês que operou, no ano passado, o joelho direito do jogador Ronaldo e acompanhou de perto toda a sua recuperação, garantiu que, na última avaliação, feita no Hospital de La Salpetrière, em Paris, foi verificado que Ronaldo tem as mesmas condições de antigamente, antes de ser submetido à cirurgia. O garoto está com a potência muscular restaurada, o joelho, impecável, sólido, livre das dores e apto a reeditar aqueles arranques impressionantes, afirmou categoricamente o médico francês. Mas, contrariando frontalmente tal positivo diagnóstico, especialistas brasileiros – que, ao que consta, não examinaram o jogador para fazer suas avaliações – se apressaram em dizer

*. Ver pp. 225-228.

que joelho operado nunca mais volta a ser o mesmo, nunca fica totalmente bom, ou que, para o jogador, o melhor possível não pode ser em condições plenas, em razão das cirurgias que sofreu, e coisas desanimadoras do gênero.

O que Ronaldo já fez até agora, como artilheiro que colocou a Seleção na grande final de amanhã, dispensa maiores comentários.

Foi o exacerbado espírito crítico que levou uma imensa maioria de jornalistas especializados – profundos conhecedores das qualidades de todos os bons jogadores do mundo, brasileiros e estrangeiros – a garantir, com a mais firme das convicções profissionais, que as grandes favoritas desse Mundial eram as seleções da França (antes de todas!), da Argentina e da Itália. Iniciada a Copa, apesar de o Brasil não perder um só jogo, a defesa de nossa seleção passou a ser considerada, literalmente, uma piada. E apesar de a seleção brasileira, junto com seu time reserva, reunir um volume de craques provavelmente superior ao de todas as seleções européias reunidas; apesar de o Brasil ter se tornado tetracampeão em 1994 e vice-campeão do mundo em 1998; apesar da intensa produção de novos craques brasileiros nos últimos anos, da cotação internacional de nossos jogadores e de seu grande fluxo pelos melhores clubes do mundo, raros foram os "especialistas" que se recusaram a admitir que nosso futebol vive um processo de notória, inexorável e galopante decadência.

De um certo modo, esse fenômeno de má avaliação se estende por inúmeros outros campos e setores da vida brasileira, nos quais, muitas vezes, tem claudicado a valorização da verdadeira competência, em favor de falsas possibilidades de "mudanças", de evolução, por parte dos que jamais demonstraram capacidade de levá-las a efeito. E isso está bem à mostra no processo de sucessão presidencial em curso, pois, de um lado, o trabalho dos marqueteiros se incumbe de dar aos candidatos a suavidade de atração dos perfumados sabonetes e, de outro, certos líderes partidários – e seus camaleônicos candidatos – desenvolvem o penoso esforço mental de maquiar todas as idéias (ou falta delas) que marcaram suas históricas trajetórias.

Que a brilhante participação do Brasil nesta Copa do Mundo sirva para alavancar um processo de resgate da crença na competência nacional. Que sirva para nos fazer resistir melhor às enganações e aperfeiçoar nossas avaliações das pessoas que estão no espaço público e de cuja real (não encenada) capacidade, de cujo verdadeiro (não desprezado) preparo e de cuja realizada (não discursada) experiência dependem, efetivamente, os nossos destinos.

NÃO É DIFÍCIL SER MÁRIO COVAS

Parecia muito estranho que importantes líderes políticos, no desfile de discursos em homenagem a Mário Covas, nas Casas Legislativas ou nas inúmeras entrevistas concedidas aos veículos de comunicação, falassem no "deserto de lideranças" e na "escassez de homens dotados de ética e de espírito público", em nosso país. Afinal de contas, como é que eles se conformavam em participar, tranqüilamente, dessa categoria tão desprezível de servidores – sem liderança, sem ética e sem espírito público –, tal como eles próprios estavam definindo, indiretamente, os políticos profissionais, para contrastá-los com o saudoso governador? Na verdade, esse tipo de discurso revela uma cândida autocomplacência: trata-se do propósito de fazer crer que somente alguém com as qualidades excepcionais de Mário Covas conseguiria atuar na vida pública da maneira honesta e competente como ele sempre atuou. É que, enquanto em muitas nações os grandes homens são cultuados por aquelas suas características que melhor sintetizam – ou simbolizam – o espírito nacional, parece que aqui se tenta destacar – para valorizar – o traço excepcional, a qualidade "rara" que se atribui às grandes figuras públicas, sem levar em conta que tais qualidades são, precisamente, os valores mais comuns, incorporados à massa esmagadora de cidadãos brasileiros.

Seria tão difícil, para os integrantes de nossa classe política, assimilar em sua vida cotidiana aquilo que é consagrado pelo povo, tal como a preocupação com os mais carentes, a solidariedade na adversidade, a firmeza de convicções, a perseverança nos objetivos, a transparência nos gestos e a coerência nas ações?

O mais difícil não é ter comportamento espontâneo; não é mostrar, sem autocensura, a própria emoção. O mais difícil – porque desgastante e incômodo – é, justamente, o oposto: praticar a dissimulação, o disfarce de sentimentos, pensamentos ou planos ou a tentativa de exibir em público o avesso do que se é por dentro. (A propósito, certas figuras teriam prestado maior homenagem a Mário Covas com a generosidade da ausência, isto é, se não tivessem comparecido ao Incor ou ao velório). O mais difícil não é enfrentar adversários ou entrar de peito aberto nos conflitos, mesmo tomando pedradas. O mais difícil é ir buscar, a qualquer custo moral, a falsa composição, o acordo oportunista e enganoso, que é sempre prenúncio de traição. Ser teimoso, persistente e obstinado em princípios e convicções pode-se tornar muito mais gratificante e prazeroso do que deixar a própria conduta ao sabor da conveniência imediata, do carreirismo ou dos objetivos espúrios de quem quer que seja. Nesse sentido, Mário Covas tinha uma vida pública muito mais "fácil" do que a de tantos outros políticos. Ele não se desgastava internamente com manobras sub-reptícias, aleivosias, tentativas de dar rasteiras por baixo do pano em companheiros ou adversários – pois, quando se dispunha a derrubar alguém, sempre o fazia abertamente, ao vivo e em cores.

Mário Covas não teve de se obrigar ao frustrante trabalho de camuflar atitudes políticas ou administrativas de seu passado. Não teve de canalizar suas energias para explicar patrimônios não justificados em suas declarações de Imposto de Renda. Não teve de inventar operações de empréstimos, entradas ou saídas de cheques em suas contas correntes, nem explicar estranhas ligações telefônicas e sinais exteriores de riqueza – porque ele era, acima de tudo, um homem de hábitos simples, de classe média, sem as ambições de luxo material que se podem tornar verdadeiro tormento para homens que se atrelaram a elevadas posições ou escalões do poder público em nosso país.

Que dificuldade existe em preferir as coisas simples da vida, de que o povo tanto gosta, como futebol, corridas de Fórmula 1, bate-papo, música popular e até novelas, ao lazer sofisticado dos hotéis e restaurantes luxuosos e dos dispendiosos passeios internacionais, quase sempre à custa do contribuinte – amenidades que a classe política cabocla dificilmente dispensa e, às vezes, lhe trazem muitos aborrecimentos –, dos quais o saudoso governador sempre se poupou porque nunca achou a menor graça nessas coisas? Enfim, por mais que a autocomplacência da classe política tente generalizar seus próprios defeitos, mostrando à população, especialmente a uma juventude tão desencantada – para não dizer enojada –, que há um "deserto moral" só interrompido, ocasionalmente, por milagrosos oásis do tipo Mário Covas, é preciso entender que esse homem só atingiu tal dimensão por ser muito parecido com a imensa maioria dos cidadãos brasileiros. Entender isso é, sobretudo, importante no momento atual, para que os corruptos sintam o constrangimento de serem a exceção, e não o conforto de serem a regra.

Havendo a integridade da vida, que é o principal, todas as dificuldades enfrentadas se tornam acessórias. Essa verdade, exposta com emoção por Mário Covas num momento de grande sofrimento, em sua obstinada luta pela vida, talvez seja mais bem entendida pelos que, como ele, já passaram pela maior dor que pode sofrer um ser humano: a perda de um filho. Mas é, justamente, a inteireza de um ser humano, em sua dimensão tão frágil e finita quanto imensamente forte e extensa, que lhe dá o sentido, o impulso e a razão mais feliz de viver. E isso não é difícil.

O HINO À FORÇA DA VIDA

Nestes tempos assustadores, tenebrosos, e ao mesmo tempo de uma perplexidade maravilhosa, em que a espécie humana até vislumbra iniciar um processo de mutação pela via dos milagres científicos; e neste cenário geral de desperdício brutal de vidas, que contrasta com o avanço fantástico das possibilidades de conservá-las, bom seria se conseguíssemos extrair, de nosso ambiente de convívio, amostras de excelência vital, de resistência do tecido humano de que todos somos feitos, para que pudéssemos repassar, às futuras gerações, uma sólida confiança na qualidade de nossa própria espécie. O relato da vida de uma mulher paulista (nascida em Salto), chamada Maria de Lourdes Guarda, nos dá essa oportunidade.

A vida transcorria tranqüila para a jovem professora que irradiava alegria e felicidade, enquanto se dedicava às crianças do externato e às atividades da Igreja, quando lhe apareceu uma dolorida lesão na coluna vertebral, que acabou tendo que operar. As dores não passaram e ela sofreu nova cirurgia, que a paralisou da cintura para baixo. Mais seis operações nos seguintes cinco anos frustraram em definitivo as tentativas de fazer a moça voltar a andar, especialmente por seu pé direito ter gangrenado e sua perna ter sido amputada do joelho para baixo, o que a condenou à permanente condição de deitada em uma cama de hospital, sem oportunidade sequer de sentar-se.

Sem dúvida, a fé religiosa, da moça que pretendera ser freira como a irmã, em muito contribuíra para aquele estoicismo, que a fazia agüentar, sem reclamar, sem esmorecer, e sobretudo, sem perder a alegria de viver, as dores mais insuportáveis, lancinantes, que lhe castigavam o corpo de maneira quase contínua. Mas era mais do que religião a força vital de quem, depois de 25 anos entrevada em uma cama de hospital, escrevia uma carta a seus amigos, na qual agradecia a Deus "a graça de viver feliz" e dizia: "Não poderei citar, nominalmente, cada um dos irmãos que têm me trazido, todos os dias, momentos felizes e alegres de convívio, que me fizeram sempre estar presente neste mundo, acompanhando a evolução – muito embora possam todos pensar ou imaginar isso impossível, aqui dentro destas quatro paredes".

Na verdade, muito mais do que recebeu, foi essa mulher quem deu, durante as seguintes décadas, em que completou o inacreditável tempo de 48 anos de permanência *deitada* no leito do antigo Hospital Matarazzo (depois Humberto Primo) – e mais um, o último da sua vida, no Hospital Santa Catarina – "momentos felizes e alegres de convívio" a centenas, milhares de pessoas, enquanto realizava uma notável obra social, em conexão com entidades e instituições de várias partes do mundo, como está bem descrito no livro que conta sua impressionante história, *Um Quarto com Vista para o Mundo*, de Margarida Oliva e Guilherme Salgado Rocha (Loyola).

Os autores dividem em três períodos a evolução de Maria de Lourdes Guarda. O primeiro foi o das esperanças de cura frustradas, dos questionamentos, da resignação e da aceitação de uma realidade imposta por circunstâncias alheias à sua vontade. O segundo foi o tempo de elaboração e aprofundamento, em que assume sua condição de deficiente física e atualiza suas potencialidades humanas: Embora deitada numa forma de gesso, com uma perna amputada e a outra atrofiada, impossibilitada de sentar-se, trabalha para pagar sua diária no hospital, fazendo tricô, bordados sob encomenda e prestando outros serviços, chegando até a cuidar de um bebê, enquanto a mãe ia trabalhar. O terceiro, longo e último período foi o de sua vida pública, a partir do engajamento na Fraternidade Cristã de Doentes e Deficientes, entidade fundada na França, que ela ajudou a difundir no Brasil, para o que deixou-se transportar para todos os cantos do País, visitando regiões ermas ou povoadas, do Pará ao Rio Grande do Sul, do "bico último da Paraíba" aos confins do Mato Grosso, e a elas levando, como dizem os autores, sua presença atuante, eficaz, mas discreta e humilde, escondida sob as aparências do cotidiano: "Como a corrente de energia invisível sob os fios de cobre. Força de regeneração, união, calor e luz, que se irradia e se propaga".

As pessoas iam visitá-la no leito do hospital para oferecer-lhe mas, principalmente, pedir-lhe ajuda. Tópico do livro:

> Havia até aqueles que, querendo ajudar ou querendo consolo, por inconsciência ou alienação a magoavam. Por exemplo, o caso de um casal inconsolável que perdera a filha jovem, de vinte e poucos anos, num acidente. Aconselhado por amigos a procurar Lourdes para conversar, pois ela saberia consolá-los, o casal foi visitá-la. Eles se apresentaram, falaram da filha e de como estavam sofrendo. Terminando a conversa, diz a mulher ao marido: "Tá vendo, meu bem, graças a Deus que nossa filha morreu! Imagina só se ela ficasse assim..."

No período final de sua vida, apesar do câncer que lhe tomava o corpo, do rim que lhe fora extraído, do pulmão direito que não mais funcionava, do tumor na bexiga e de suas costas que já eram uma chaga só, Maria de Lourdes

Guarda lutava, de forma extenuante, contra a desativação do hospital que fora sua residência durante 48 anos e cujos funcionários considerava sua família – foi a última interna até perder a luta, quando o ex-hospital Matarazzo cedeu lugar a um shopping center e ela teve que ir para o Santa Catarina, onde morreu um ano depois, afirmando a amigos, na véspera de sua morte, que, apesar de tudo "estava em paz". Bem fizeram os autores em fechar seu livro lembrando Gonçalves Dias (*Canção do Tamoio*): "A vida é combate/ Que os fracos abate/ Que os fortes, os bravos/ Só faz exaltar".

E nos parece necessário hoje, mais do que nunca, não esquecer o hino à força da vida, que foi a existência dessa mulher do interior paulista.

DESPREPARO DA JUSTIÇA ELEITORAL

Se há uma instituição que não está à altura do estágio de evolução já atingido pela sociedade brasileira, no rumo do aperfeiçoamento institucional democrático, este é o caso de nossa Justiça Eleitoral. Parece que a introdução maciça das urnas eletrônicas, como se recuperasse (e pretensiosamente suplantasse) o invejoso encantamento que nos despertavam as velhas "máquinas de votar" que os norte-americanos já usavam há muitas décadas, a ponto de hoje muitos se jactarem de "estarmos à frente das democracias do mundo", por termos um inédito "eleitorado digital" de 115 milhões de almas, tem servido apenas para escamotear um despreparo gritante na interpretação da lei e no exercício jurisdicional, até por parte dos integrantes da magistratura com maior capacidade de reflexão jurídica.

A rapidez na apuração das votações, graças à informatização, tem sido considerada a grande maravilha da Justiça Eleitoral cabocla, como se horas ou dias a menos, usados nas totalizações de votos, tivessem, por si, o poder de aumentar o grau de confiança e lisura de todo o processo eleitoral. Deixe-se de lado, por enquanto, preocupações que vão em sentido exatamente oposto, ou seja: Os grandes riscos que envolvem um processo capaz de ser fraudado pelas técnicas mais aperfeiçoadas de banditismo virtual, seja por meio da participação dos diabólicos *hackers*, seja pela introdução de deletérios vírus no sistema – o que poderia ter efeitos realmente catastróficos e seria risco suficiente para deixar de compensar quaisquer ganhos de tempo nas apurações ou investimentos na informatização do sistema. Mais preocupante é o fato de as urnas eletrônicas darem uma falsa impressão de qualidade da Justiça Eleitoral brasileira, da qual pode-se dizer que, ao contrário do que ocorre com outros ramos do Judiciário, competência técnica não é regra, mas exceção.

É verdade que duas décadas de ditadura militar já foram suficientes para sustar qualquer aprofundamento de reflexão jurídica em torno de eleições, em termos doutrinários, acadêmicos (quantas teses eleitorais foram defendidas na Universidade nesse período?) ou jurisdicionais, e que, em parte decorrente disso, nossa legislação eleitoral tem suas confusões, ambigüidades e dificuldades de cumprimento. Só que isso deveria estimular mais o estudo interpretativo da *mens legis* e não a adoção, pura e simples – como tantos juízes eleitorais costumam fazer –, de uma espécie de "justiça intuitiva", pela qual as ações de candidatos, partidos e demais envolvidos no processo eleitoral podem ser permitidas ou proibidas segundo o que o magistrado *acha* ser certo ou errado, não precisando de fundamentação legal, mas sim de intuição pessoal, para esse "achismo". E é claro que tal tendência só pode resultar na situação em que a Justiça Eleitoral reproduz o velho ditado sobre quem "engole um boi e se engasga com um mosquito", pois enquanto proíbe pequenas liberdades, permite grandes e deslavados abusos.

Bem ilustra essa perversa contradição um dos maiores abusos praticados contra a lei eleitoral – que neste ponto é absolutamente clara e inequívoca – ao utilizar-se o horário gratuito na televisão, exclusivamente destinado à propaganda dos partidos políticos, para o "lançamento" e a divulgação (exclusiva) de candidaturas presidenciais. Quando o PFL* precipitou, desastradamente, o processo sucessório presidencial – repetindo o que Collor já fizera –, aproveitando seu horário partidário para praticar a aventura do lançamento da candidatura presidencial da então governadora maranhense Roseana Sarney, não só prejudicou muito a candidata e seu partido – como depois se comprovou – e o governo de Fernando Henrique Cardoso (talvez tentando torná-lo um "pato manco", como dizem os norte-americanos dos governos que perdem todo o poder no período final do mandato), mas, sobretudo, toda a racionalidade do processo, em termo da aglutinação de forças políticas governistas ou oposicionistas. E não se diga que a confusão política que depois se estabeleceu, com a desmoralização doutrinária completa dos partidos políticos e o samba do crioulo doido em que se transformaram as alianças partidárias, se deve, exclusivamente, aos ressentimentos e rancores oligárquicos (do tipo Sarney, ACM, Bornhausen) ou neo-oligárquicos (do tipo Jereissati), pois a leniência da Justiça Eleitoral, ao tolerar um escandaloso desrespeito à legislação vigente – cometido por todos os principais partidos, é bom lembrar – foi a razão fundamental dessa barafunda desnorteadora do eleitorado brasileiro.

Poderão dizer: Mas a Justiça Eleitoral (como as demais) só funciona mediante provocação. Será mesmo? Tem ela necessitado de provocação para estabelecer a férrea censura (clamorosamente inconstitucional, como é toda a censura prévia praticada no Brasil) nos veículos de comunicação eletrônica de massa (rádio e tv) nos períodos pré-eleitorais, impedindo assim a liberdade crítica e o direito à informação, política, eleitoral ou de qualquer natureza, que a Constituição assegura a todos os cidadãos brasileiros?

*. Partido da Frente Liberal.

Agora, ao proibir, por decisão liminar, a simples reprodução da imagem e do som da fala – sem qualquer sombra de montagem – de um dos candidatos (Ciro Gomes) quando este chamava, literalmente, de "burro", o ouvinte de uma rádio baiana para qual dava entrevista, a Justiça Eleitoral brasileira ultrapassou os limites do despreparo e incorreu em sério comprometimento. Ela aí optou pela falta de transparência do processo eleitoral, na medida em que proibiu a transmissão, para o telespectador – e para o juízo do eleitor –, de um fato real, indesmentível, e de uma informação de máximo interesse público, que jamais poderia ter sido sonegada ao eleitorado, porque diz respeito a uma característica explícita e notória do temperamento e da personalidade de quem pretende ser presidente da República. É uma descabida pretensão a Justiça Eleitoral achar que "eleva o nível" do debate eleitoral, impedindo os competidores de mostrar ao eleitorado fatos e atitudes reais – mesmo feias e desagradáveis – de seus adversários. Ao contrário, ela retira do eleitor, de maneira arbitrária e antidemocrática, elementos essenciais para a formação de sua convicção – tais como são, por exemplo, as imagens diretas do grau de equilíbrio emocional dos candidatos.

Diga-se agora: Quem responderá, perante as futuras gerações, pelos eventuais estragos institucionais causados pela despreparada Justiça Eleitoral brasileira?

MANDONISMO, SERVILISMO E CINISMO

Se os senadores Antônio Carlos Magalhães e José Roberto Arruda forem afastados do Senado por quebra de decoro – seja por cassação ou renúncia –, é provável que muitos achem que a punição terá sido exagerada, pois atos tão ou mais indecorosos do que a violação do sigilo do painel eletrônico de votações já foram praticados sem seus responsáveis sofrerem sanções equivalentes. Talvez se diga que, do ponto de vista ético, o Senado "engoliu muitos bois e acabou se engasgando com um mosquito". Porque, mesmo que se aprecie o talentoso desempenho (misto de tragédia shakespeariana e *Commedia dell'arte*) que Pedro Simon repete, igualzinho, em cada interrogatório, e nos *talk-shows* da TV, a pedido do apresentador, difícil é concordar com a afirmação do senador gaúcho de que esse crime do painel foi o maior já praticado em qualquer Parlamento do mundo, e é muito mais grave do que a corrupção.

Ora, a corrupção reinante no País desvia quantidades enormes de dinheiro público, que poderiam ser aplicadas em saúde, educação, segurança, habitação e tantos outros investimentos sociais destinados a minorar os sofrimentos de uma população carente e miserável como a nossa. Como isso não é muito pior do que uma fútil canalhice, que a rigor não modificou nenhuma votação, não roubou recursos públicos e só prejudicou mesmo os que dela participaram (com exceção da senadora Heloísa Helena)? É verdade que em nosso Legislativo costuma prevalecer uma espécie de síndrome de Al Capone, pela qual sempre se punem os suspeitos por seus delitos menores. Congressistas que passaram a mão no dinheiro público, notórios estelionatários que afanaram milhões, só foram cassados porque perpetraram mentirinhas em alguma CPI.

É possível, no entanto, que o interesse popular maior no processo em curso no Conselho de Ética do Senado, que, transmitido pela televisão, se tornou um espetáculo popular, com direito a telões em praças públicas (e já há pessimistas dizendo que esta será nossa Copa do Mundo, na falta da outra), com todos os seus atrativos circenses – o histrionismo de alguns, a desarticulação de outros, a inteligência de poucos e a demagogia de vários –, tenha menos que ver com a gravidade do crime em si, do que com certas características perversas e desprezíveis que ainda são muito comuns em nosso espaço público-político, por mais que já tenha avançado a nossa democracia.

Façamos a simples indagação – que não foi muito lembrada nem nos interrogatórios nem na acareação dos depoentes Regina, ACM e Arruda: o que, realmente, motivou cada um no episódio? Independentemente de ter ordenado ou não a violação do painel, por que cargas d'água o então presidente do Senado andou falando para vários colegas que sabia quem tinha votado a favor ou contra a cassação de Luís Estevão? É claro que se tratava, simplesmente, de uma senha de advertência –, como aqueles avisos sutis contidos nas mensagens dos chefes mafiosos – no sentido de avisar que ele tinha condições de "saber quem vota no quê" nas votações secretas do Senado (e, quem sabe, do Congresso). É evidente que isso não serviria mais para o caso de Luís Estevão, já cassado, mas, sim, para futuras e importantíssimas deliberações – a principal das quais, por motivos óbvios, seria a escolha do novo presidente do Senado. Essa, portanto, seria a motivação de ACM, estribada no vício das informações classificadas, dos dossiês secretos e de tudo o mais que (nos tempos da ditadura) se costumava "guardar, para usar na hora certa".

E a doutora Regina Borges, por que se prestou a um papel tão abjeto, levando seus colegas a praticarem um crime contra a importantíssima instituição pública a que dedicava seu trabalho? Como poderia sofrer "coação psicológica" por meio de uma ordem indireta, não conferida, transmitida por intermediário sem vínculo de subordinação com o mandante? Que riscos correria em descumprir uma ordem ilegal quem desfruta do prestígio de profissional: respeitada, altamente qualificada, com 25 anos de serviços prestados? Com toda a capacidade de articulação verbal que tem demonstrado, não lhe caberia denunciar, prontamente, uma ordem espúria desse tipo, o que traria sérios riscos apenas para o mandante ou o intermediário, jamais para ela? Por que ela se permitiu prejudicar tanto a imagem de todos os técnicos que estão no serviço público? Tudo isso por medo? Não, apenas pelo mais puro, desprezível e aviltante servilismo. Essa funcionária, que tem sido tão glorificada, como se se tratasse de verdadeira heroína, é um dos exemplos mais tristes de quanto um funcionário consegue rebaixar-se, moralmente, para agradar ao chefe, ou para fazer o que supõe que lhe possa agradar.

E o senador Arruda? Bem, esse deu a pior das demonstrações que pode dar um homem público, misturando um difuso servilismo com extremo cinismo – e cumplicidade com o mandonismo. A quem estaria servindo? Ele não participava da Mesa do Senado, não era do partido do presidente da Casa nem é baiano. Por que, então, se prestou ao ignóbil papel de menino de recados de ACM? Talvez pretendesse também montar um estoque de "informações classificadas" sobre os votos dos colegas, quem sabe para locá-lo ao próprio governo, em situações difíceis... Agora, tanto sua versão de "consulta técnica" quanto seu choro fungante na tribuna seriam tragicômicos, se não fossem tão deprimentes.

Mandonismo, servilismo e cinismo são os traços que desenham com maior precisão os perfis dos protagonistas dessa farsa, com personagens emblemáticos de nossa cena pública e política.

LARANJAS DO BRASIL, APOSSAI-VOS!

O Brasil pode produzir muita coisa, mas nada se compara à imensa capacidade brasileira de produzir laranjas. Há laranjas às pencas, de todos os tipos e em todas as regiões. Não há crise que abale a abundante e permanente safra nacional de laranjas. E não há CPI, emenda constitucional, reforma do Judiciário, lei de responsabilidade fiscal ou quaisquer iniciativas moralizadoras dos Poderes da República, em todos os níveis e esferas, que contribuam para diminuir o laranjal, que é um dos principais fulcros da impunidade nacional – e a esta altura, o leitor já deve ter percebido que aqui não tratamos da fruta. Referimo-nos *aos* e não *às* laranjas.

São chamados de laranjas os que assumem, consciente ou inconscientemente, de forma gratuita ou onerosa, a identidade ou a titularidade formal em negócios escusos. Testa-de-ferro é um laranja, digamos, mais graduado, que igualmente empresta seu nome – e qualificação, CPF* etc. – para acobertar o verdadeiro titular da negociata. O fato mais comum neste País é inquéritos e processos judiciais destinados a apurar responsabilidades em casos de lavagem de dinheiro, desvio de recursos públicos, superfaturamentos na execução de obras públicas, corrupção passiva e ativa, prevaricação e tantos outros inúmeros crimes, chegarem, no máximo, a atingir laranjas e testas-de-ferro, em geral, detentores – apenas nominalmente, é claro – das contas bancárias pelas quais circulam montantes incalculáveis de dinheiro.

Às vezes são tantos os laranjas envolvidos em determinadas negociatas, de dimensões globais, que, pelo excesso de contas bancárias e respectivos depósitos e transferências, se tornam difíceis de detectar. Bom exemplo disso é o que ocorre com as investigações em torno das contas CC-5, iniciadas há mais de três anos pelo Ministério Público Federal, abrangendo agências bancárias da fronteira com o Paraguai, na região de Foz do Iguaçu, que envolvem cerca de dois mil laranjas e montante de dinheiro lavado em torno de R$ 8 bilhões. Apurou-se a existência de humildes correntistas, semi-analfabetos, que movimentavam mais de um milhão de reais por dia em contas correntes – que alegavam desconhecer – abertas em seus nomes.

Nessas investigações, descobriu-se também outra categoria de laranjas: os sublaranjas, titulares de contas bancárias que recebiam depósitos de outros laranjas, e os laranjinhas, milhares de titulares de contas que recebiam depósitos inferiores a R$ 150 mil, no período investigado. Em face da pulverização da dinheirama lavada em pequenas contas, um procurador encarregado das investigações chegou a esclarecer: "Desconsideramos a maioria, abaixo de um limite que arbitramos, para tornar viável o trabalho". Quer dizer, o pequeno laranja, mesmo que comprovadamente exista, não merece nem o reconhecimento de sua existência por parte do Ministério Público Federal...

---

*. Cadastro de Pessoa Física.

Mas não se pense que a proliferação de laranjas se restringe ao campo das movimentações financeiras ou da titularidade formal de contas bancárias. Ela se estende a sistemas insuspeitados de garantia de impunidade, tais como os relacionados aos efeitos das infrações praticadas contra o Código de Trânsito Brasileiro, notadamente à contagem de pontos, capaz de pôr em risco a habilitação dos motoristas. Reportagem da jornalista Sandra Sato – publicada sábado último, neste jornal – nos dá conta da grande quantidade de secretárias, empregadas domésticas e jardineiros "dirigindo" Audis, BMWs e Mercedes. É que muitos patrões têm apontado seus empregados como autores das infrações de trânsito que praticaram, com isso se livrando de perder a carteira de habilitação. A reportagem informa que existem até anúncios de pessoas oferecendo a carteira "para receber pontos".

A propósito do papel de laranja assumido tanto voluntária quanto involuntariamente, há interessante caso ocorrido há alguns anos. Um ex-governador de São Paulo tinha um fiel amigo – de família ligada a um Tabelionato –, em cujo nome colocara inúmeros imóveis, de aquisição dificilmente justificável. Tudo ia muito bem e crescia fertilmente nesse laranjato, até o dia em que a esposa do referido amigo se desentendeu com o marido e o casal partiu para o desquite. Tudo ia muito bem e se desenvolvia pacificamente nesse desquite, até o dia em que a desquitanda viu, pela primeira vez, a declaração de bens do marido. Tomou um susto ao saber daquilo que nem de longe desconfiava: Ela era milionária. Tinha fazendas, sítios, terrenos, casas, apartamentos, imóveis comerciais e propriedades que jamais teria passado por sua cabeça – ou por seu padrão de vida – possuir. Eufórica, dispensou o marido de quaisquer pensões e/ou chateações, propondo o simples rateio legal dos bens imóveis, pois eram casados em regime de comunhão de bens.

"Mas esses imóveis não são nossos, são do governador!", ponderou (depois insistiu, implorou, ajoelhou, gritou, ameaçou, quase matou) o marido/ fiel amigo. De nada adiantou, pois a mulher permaneceu irredutível: "O que está na declaração é nosso, metade meu. É a lei". A questão só foi resolvida graças ao esforço extremo dos abnegados causídicos, por um acordo em que a desquitanda se saiu com uma situação patrimonial com a qual jamais conseguira sonhar. Dizem as más línguas – quanto a isso não há confirmação – que referido casal algum tempo depois se reconciliou, restabelecendo o casamento.

Em *Caixa 2*, a obra-prima de comédia de Juca de Oliveira, a mulher de um abnegado bancário se torna, por um depósito em conta errada, laranja involuntária de um banqueiro corrupto. Tanto no caso real da esposa do amigo do ex-governador quanto no da personagem escrita por Juca há a decisão, digamos, "existencial", de "assumir como seu o que está, legalmente, em seu nome". Imaginemos, então, que todos aqueles milhares de laranjas, sublaranjas e laranjinhas de Foz de Iguaçu – especialmente aqueles pequenos correntistas, de "existência" nem mesmo reconhecida pelo Ministério Público Federal – , de repente, considerassem como de sua propriedade – e de mais ninguém – todos os depósitos efetuados em contas correntes abertas em seu nome.

Imaginemos mais: Que todos aqueles que tiveram os nomes direta ou indiretamente utilizados por terceiros, para a facilitação de irregularidades, tais como a sonegação fiscal, de repente resolvessem também considerar como, de fato, seu, o que terceiros pretenderam que fosse seu, apenas formalmente. Com isso talvez começasse a escassear o melhor combustível da impunidade nacional. Porque, com certeza, muito mais eficaz do que chegar aos verdadeiros donos, os titulares reais dos negócios escusos, por meio da captura de seus laranjas, seria deixar que estes laranjas transformassem o formal no real, apossando-se do que foi obtido graças ao uso irregular de seus nomes.

Ocorreria, então, uma espécie de proclamação da independência dos laranjas. É verdade que muitos deles, até por estarem muito menos preparados, intelectualmente, para as falcatruas, do que os patrões/ titulares aos quais serviram – voluntariamente ou não –, correriam o risco de ter que prestar contas à Justiça, de uma forma ou outra. Mas como nossa Justiça é justa, com certeza não deixaria de levar em consideração, nesse caso, o consagrado princípio, segundo o qual ladrão que rouba ladrão tem cem anos de perdão.

JUÍZES, LIVREM-SE DESSA GORJETA!

Senhores magistrados paulistas, os tempos são outros. Os próprios Poderes de Estado vão conseguindo superar os velhos vícios corporativistas de seus membros, para lhes impor, acima de tudo, o comportamento ético que a sociedade lhes exige. E nesse comportamento, não negarão vossas excelências, está o repúdio a privilégios descabidos. A sociedade brasileira não suporta mais os favorecimentos sem causa, as vantagens obtidas sem justificativas sólidas, razoáveis, convincentes, por quaisquer categorias de servidores públicos, por mais importantes, necessárias e prestigiosas que sejam suas funções. É que o primado da consciência democrática, expresso no "todos são iguais perante a lei" já se introjeta na população brasileira com uma intensidade que só os distraídos cívicos ainda não conseguiram perceber.

Sabem vossas excelências que o Ministério Público Estadual, por meio da Promotoria de Justiça da Cidadania, está prestes a pleitear, em juízo, a suspensão do pagamento feito à Associação Paulista dos Magistrados (Apamagis) da famosa "contribuição" de 1% dos lucros dos cartórios. Essa constrangedora regalia, que leva para os cofres da entidade de classe dos juízes de Direito de São Paulo um percentual sobre os emolumentos devidos ao escrivão, em qualquer venda de imóvel – seja um casebre ou uma fazenda – já foi considerada "imoral" por muitos magistrados, inclusive um que exercia a presidência da mais alta Corte de Justiça do país – ministro Sidney Sanches.

Ainda tenho em mãos a cópia de um abaixo-assinado, no qual mais de uma centena de juízes e desembargadores – que fizeram questão de deixar seus nomes bem legíveis, por meio de carimbos ou letras de forma – solicitavam a revogação dessa lei, por considerá-la causa de uma "situação embaraçosa" para o Poder Judiciário. Eles me enviaram o documento porque discordavam da então diretoria da Apamagis, que, em razão de alguns artigos meus (publicados há cerca de dez anos nesta mesma página), criticando a regalia, processou este jornal – e perdeu no Tribunal de Justiça e no Superior Tribunal de Justiça, que extinguiu em definitivo a ação há quatro anos. Entre os ilustres signatários que honraram, com seus nomes, o referido abaixo-assinado, estavam os desembargadores Márcio Bonilha, atual presidente do Tribunal de Justiça de São Paulo, Álvaro Lazzarini, atual vice-presidente do mesmo Tribunal e Luis Macedo, atual Corregedor-Geral.

Por outro lado, o atual presidente da Apamagis, o juiz do 2º Tribunal da Alçada Civil Artur Marques da Silva Filho, ao contrário de alguns de seus antecessores, também se manifestou, claramente – em matéria deste jornal, contra o repasse daquela taxa à sua associação, por entender que ela "causa constrangimento" à classe dos magistrados. É por esse motivo, que, acreditando na total sinceridade daquele abaixo-assinado, assim como no real constrangimento a que se refere o ilustre magistrado que hoje preside a Apamagis, indago a Vossas Excelências: não seria extremamente oportuno, agora, que os próprios magistrados de nosso Estado tomassem nas mãos a iniciativa de exigir, dessa vez com afinco e o prestígio das posições que ocupam, na cúpula do Judiciário de São Paulo, a revogação imediata e definitiva da famigerada Lei nº 3.724/83, que propicia esse vexame ético permanente para todos os juízes de Direito e desembargadores de São Paulo – ou, pelo menos, para os integrantes da Associação Paulista dos Magistrados?

Não desconhecem Vossas Excelências que existiu na Assembléia Legislativa de São Paulo um projeto , de autoria do ex-deputado Waldir Trigo, que pretendia revogar a dita lei, mas que desapareceu misteriosamente, sem deixar vestígios. De lá para cá, surgiu outro projeto de lei, com objetivo semelhante, mas cujo andamento não parece interessar muito às lideranças partidárias – se é que alguma vez interessou, de fato, a seu proponente – e, por isso, jamais teve ou terá condições de chegar a votação em Plenário, se Vossas Excelências não o desejarem convictamente. É que, com toda a certeza, os maiores interessados em preservar a boa imagem do Judiciário, perante a opinião pública, não são os senhores deputados estaduais, que têm "enrolado" na tramitação, o quanto podem, ou engavetado – e até feito evaporar, num passe de mágica regimental – as eventuais tentativas de revogação da "Lei do 1%". E talvez nem sejam os membros do Ministério Público, que demoraram mais de uma década para " descobrir" que a indigitada lei é inconstitucional.

Sem entrar no mérito da investigação, que faz o Ministério Público, da aplicação das verbas que a Apamagis recebe pela via da "Lei do 1%" (e que deveriam ser destinadas, como diz a lei, a "atividades assistenciais"), os maiores interessados em livrar-se do que, para a sociedade, teria a conotação de uma aviltante gorjeta, só podem ser, mesmo, Vossas Excelências, os fiéis depositários de toda a imagem de credibilidade que a população atribui à Justiça do mais importante Estado do Brasil. E não há conforto de colônias de férias, de praia ou de montanha, ou de equipamentos de lazer, por requintados que sejam, que valham o desgaste dessa imagem, Excelências!

STJ: ESCÁRNIO À NAÇÃO

Deixemos de lado, por enquanto, a ridícula teoria conspiratória (do ministro da Justiça), que apenas banalizou a discussão sobre o "controle externo" (no caso, do Ministério Público) e tratemos de fato mais grave, que, na fumaça do Waldogate (e do Santorogate), passou despercebido da mídia.

Quem tinha dúvidas sobre a necessidade premente, inadiável, de estabelecer-se o controle externo do Judiciário, para que a Justiça neste País não se torne definitivamente desmoralizada, com todas as desastrosas conseqüências institucionais – e de confiabilidade externa – que isso implica, o arquivamento, nesta quarta-feira, do processo administrativo movido pelo Superior Tribunal de Justiça contra um de seus integrantes, o ministro Vicente Leal, em razão de sua "aposentadoria voluntária", deve, de uma vez por todas, dirimi-las. Pois o STJ exacerbou seu corporativismo ao ponto de torná-lo um verdadeiro escárnio à Nação. E o tribunal escondeu da população (pelo ominoso "segredo de justiça") – com a opinião contrária de apenas seis de seus honrados ministros – o teor do relatório que justificou esse abstruso arquivamento.

Contra Vicente Leal pesam gravíssimas acusações, com base em gravações realizadas pela Polícia Federal – devidamente autorizadas, judicialmente –, que o envolvem em um esquema de venda de sentenças judiciais a integrantes da quadrilha do narcotraficante Leonardo Dias de Mendonça, dentro das operações sob cobertura do deputado Pinheiro Landim. Por deliberação do tribunal, o ministro fora afastado de suas funções, enquanto perdurassem as investigações realizadas por uma comissão interna, composta por três de seus colegas.

Se houvesse, por parte da mais importante Corte de Justiça infraconstitucional do País, um mínimo de respeito pela opinião pública, não seriam interrompidas aquelas investigações, em razão do pedido de aposentadoria do investigado – o que o permitiu livrar-se delas e escapar sem punição administrativa alguma. Ou, pelo menos, se permitiria que a sociedade brasileira soubesse se na cúpula do Poder Judiciário ocorreu ou não a prática de crimes tão abjetos, como é o caso do favorecimento judicial (mediante torpe remuneração) àquelas pessoas que mais destroem a nossa juventude, por meio do comércio de drogas.

É para evitar aberrações desse tipo – a impunidade garantida pela aposentadoria –, que o Estatuto do Servidor Público impede de aposentar-se o funcionário que responde a processo administrativo. Mas o STJ considerou que os magistrados estão excluídos dessa mínima exigência ética, pelo fato de a Lei Orgânica da Magistratura ter como punições máximas a disponibilidade ou a aposentadoria compulsória (ou seja, em ambos os casos, a "pesada" punição de continuar ganhando, sem trabalhar). Então, se estas são as penas, que resultam em simples afastamento remunerado – equivalente a uma aposentadoria voluntária, como a requerida pelo investigado – para quê concluir as investigações? Se assim é, eis aí uma interpretação imoral, de uma lei imoral, mantida (ou não modificada) graças a um lobbismo imoral.

O ministro Vicente Leal, em nota aos meios de comunicação, colocando-se como vítima (dizendo: "Há quase um ano estou submetido a um estado de coma moral"), pondo em dúvida a isenção de julgamento de seus pares (ao escrever: "Não posso postar-me com credulidade na expectativa de um julgamento técnico por uma instância administrativa. Afinal, essa mesma instância já me negou a oportunidade de produzir provas relevantes"), afirma que "concluiu-se a investigação e nada, absolutamente nada, foi provado". Ora, se o tribunal (ao qual pertence e de cujo julgamento técnico descrê) "concluiu", de fato, a investigação, e "nada, absolutamente nada, foi provado", por que então o "segredo de justiça" em relação a essas conclusões? Não seria do máximo interesse – do STJ, do ministro investigado e da sociedade – a plena publicidade que se desse a essa "inocência", pois só assim o cidadão brasileiro poderia se convencer de que um ministro de tribunal superior, neste País, jamais teria cometido o inominável crime de vender sentenças para traficantes de entorpecentes?

Agora, atente-se para o *timing* do episódio: O ministro Vicente Leal requereu sua aposentadoria na terça-feira e já na quinta o vice-presidente do STJ, no exercício da presidência, ministro Edson Vidigal, se apressou em assinar e levar, pessoalmente, o respectivo decreto ao ministro da Justiça, Márcio Thomas Bastos, para este ser encaminhado "o mais rápido possível" ao presidente Lula. Por que tanta pressa? Já se viu alguma aposentadoria, neste País, ser despachada com tal rapidez?

Na questão do controle externo do Poder Judiciário, a ser exercido pelo Conselho Nacional de Justiça (CNJ), no qual, além de magistrados, há a participação de membros do Ministério Público, de representantes da sociedade civil – indicados pela Câmara dos Deputados e pelo Senado – e da OAB*, discute-se se tal órgão poderá ou não decidir pela perda de cargo dos juízes corruptos. O acachapante corporativismo do STJ torna óbvia a necessidade de conceder-se ao órgão de controle essa atribuição. E é de grande interesse, para a própria independência do Poder Judiciário, a instituição de um controle externo no âmbito administrativo, antes que se chegue à conclusão (por episódios como esse) de que esse controle também deva se dar no âmbito jurisdicional.

---

*. Ordem dos Advogados do Brasil.

EM HONRA DE UMA IMENSA MAIORIA

Em que pé está o procedimento administrativo e disciplinar aberto há seis meses, pelo Superior Tribunal de Justiça (STJ), contra o ministro Vicente Leal – afastado do cargo pelo pleno do tribunal, por trinta votos a zero – acusado de participar de um esquema de venda de sentenças judiciais a integrantes da quadrilha do traficante Leonardo Dias de Mendonça? A que chegou o inquérito específico, solicitado há seis meses pelo ministro da Justiça, Márcio Thomaz Bastos, ao diretor-geral da Polícia Federal (PF), Paulo Lacerda, para investigar supostos crimes de tráfico de influência, corrupção ativa, exploração de prestígio e violação funcional do Judiciário, conforme fitas gravadas na operação da PF denominada Dilúvio, em que pessoas ligadas ao bicheiro foragido João Arcanjo Ribeiro, o Comendador, fazem referência ao advogado Erik Vidigal, filho do vice-presidente do STJ, Edson Vidigal? Em que resultou o afastamento "temporário" de seu posto do desembargador

Eustáquio da Silveira, do Tribunal Regional Federal de Brasília, como desdobramento daquelas investigações?

O que se apurou, até agora, no caso da juíza Claudia Varela Bastos, que transformou Nova Friburgo, município da região serrana do Rio de Janeiro, que não produz uma gota de petróleo, em um "pólo de distribuição petrolífera", pois passou a sediar inúmeras distribuidoras, graças à sistemática concessão de liminares – por essa juíza, desde sua posse – livrando as distribuidoras do pagamento de tributos, como Cide* e ICMS**? Quais as explicações, já oferecidas pela magistrada, para o fato de ter tido um aumento espetacular de seu patrimônio, ao ponto de, com os vencimentos brutos de R$ 11 mil mensais, possuir um imóvel de R$ 225 mil comprado a prestação em 2000 e outro, um apartamento na Barra da Tijuca, no valor de R$ 1,3 milhão, comprado em outubro passado, o que implica numa prestação mensal de R$ 24 mil –, portanto, mais que o dobro de sua remuneração funcional?

A quantas anda o caso do juiz titular da 3ª Vara Cível de Volta Redonda, no sul do Estado do Rio, Francisco das Chagas Ferreira Chaves, que há meses foi detido em São Paulo pela Polícia Rodoviária Federal, por porte ilegal de armas, junto com um grupo de dez pessoas, que levava espingarda, revólver, duas pistolas e bombas de fabricação caseira, e que, posteriormente, foi acusado de ter ligações com empresas administradoras de bingo, uma de Volta Redonda, uma de Niterói e outra de São Gonçalo – negócio esse, com participação profissional direta de sua mulher Mônica Maria Monteiro Chaves –, o que levou o presidente do Tribunal de Justiça do Rio de Janeiro, Miguel Pachá, a informar que "as denúncias contra o juiz vão ser analisadas ou pelo Órgão Especial ou pelo Conselho da Magistratura do Tribunal de Justiça"? Já foram ou não "analisadas" e a que conclusões se chegou?

*. Contribuição de Intervenção no Domínio Econômico.
**. Imposto sobre Circulação de Mercadorias e Prestação de Serviços de Transporte Interestadual, Intermunicipal e de Comunicação.

O que dizer da decisão da 3ª Câmara Criminal do Tribunal de Justiça de São Paulo, que anulou o processo em que o advogado José Alves de Brito Filho foi condenado a quatro anos e sete meses de prisão – por chefiar quadrilha que desviava processos dos fóruns – porque acatou os argumentos da defesa, segundo a qual foi prejudicada porque não teve acesso a processo administrativo disciplinar instaurado contra dois juízes que também teriam envolvimento no caso – o que já teria resultado na aposentadoria compulsória de um deles?

É o "segredo de Justiça" – justificável em demandas que envolvem Direito de Família, mas sem razão de ser naquilo que diz respeito à coisa pública e aos atos dos agentes dos Poderes, pois o direito à informação pública é ínsito à cidadania –, que molda as sólidas paredes da chamada "caixa-preta" do Poder Judiciário. Aliás, essa expressão foi usada de forma genérica e não explicada pelo presidente da República, provocando reações deselegantes do presidente do Supremo. Isso gerou um clima de animosidade pessoal entre chefes de Poderes de Estado, o que levou à situação ridícula de ficarem "de mal" um com o outro, fingindo que nem se vêem em cerimônias protocolares da República. É claro que, em vez disso, os dois deveriam empreender um grande esforço conjunto para obter a única coisa que levaria à real recuperação da imagem da Justiça perante a população brasileira: Ou seja, a plena transparência. Porque da forma como a opinião pública é impedida de conhecer os processos disciplinares, os resultados das investigações e as sanções eventualmente aplicadas aos magistrados faltosos, a impressão geral que resta é a de que o máximo de punição, para essa categoria de servidor público, é uma polpuda aposentadoria compulsória – e dentro dessa ótica, a famosa prisão do juiz Lalau não passaria do descarte de um "boi de piranha".

A transparência dos processos disciplinares e de correição, que se obteria com a abolição do descabido sigilo, além de significar uma prestação de contas à cidadania, se faria em honra de uma imensa maioria: a dos juízes sérios, honestos, abnegados, dedicados ao estudo solitário dos processos, às cuidadosas pesquisas, às leituras dos mestres do Direito, e, sobretudo, à reflexão, aquela atividade mental ímpar, verdadeiro espetáculo recôndito – sem espectador – da natureza humana, como é a formação de uma convicção, na qual todas as sutilezas da alma se mobilizam para que o magistrado chegue à insubstituível tomada de decisão, numa sentença ou num voto que profere. E especialmente em honra daqueles que, inebriados pelo entusiasmo que lhes dá a bela missão pública de dizer o direito, se esquecem de proteger as próprias vidas – como o juiz corregedor Antonio José Machado Dias, abatido na plenitude da função, em Presidente Prudente. É em nome destes, sim, que deve ser rebentada a "caixa-preta".

CÚPULA DA JUSTIÇA SOB GRAVE SUSPEITA

É inacreditável que o Superior Tribunal de Justiça, depois das gravíssimas denúncias, amplamente divulgadas, com base em gravações realizadas pela Polícia Federal – devidamente autorizadas pela Justiça –, envolvendo um de seus membros, o ministro Vicente Leal, e ninguém menos do que a mulher do próprio presidente do STJ, Adélia Cecília Menezes Naves, em um tenebroso esquema de venda de *habeas corpus* em favor de narcotraficantes – tendo por eixo o deputado Pinheiro Landim – não tenha, até agora, deliberado afastar os suspeitos de suas funções, enquanto o caso estiver sendo apurado. Em conversas gravadas de traficantes, a senhora Nilson Naves é referida como "a chefona dos ministros aposentados", instalada no último andar do Tribunal, que teria dito a um intermediário: "se tiver alguma coisa acima de 1 milhão cê traz pra mim" – tópico destacado pelo presidente da OAB, Rubens Approbato Machado, em artigo publicado na *Folha*.

A respeito disso, na sessão da última quarta-feira da Corte Especial do STJ (composta por 21 dos 33 ministros), o ministro Domingos Franciulli Netto – um íntegro e competente ex-desembargador paulista, magistrado há 36 anos –, consciente da responsabilidade de garantir a transparência das apurações e preservar, acima de tudo, a imagem pública da Justiça, travou uma acre discussão com seus pares, cujas notas taquigráficas, em parte, aqui transcrevo:

O Sr. Ministro Franciulli Netto: Sr. Presidente, um tanto a contragosto, quero requerer que fique consignado nessa ata a minha manifestação de apoio ao artigo do Dr. Rubens Approbato Machado. [...] Estou solidário mormente no ponto em que ele se refere [...] ao afastamento dos implicados até final apuração. Não estou fazendo, nem é do meu feitio, nenhum juízo, e estou, de coração, torcendo para que essas investigações, com a profundidade que devem ter, em face das dimensões que o problema tomou, acabem por concluir que as pessoas mencionadas em seu artigo não têm culpa nenhuma. [...] O Tribunal encontra-se em xeque e, embora com três anos e alguns meses a ele incorporado –, aqui cheguei depois de uma carreira crivada de muita luta e sacrifício – não quero e não me sinto à vontade ou confortável na posição de estar prestando esclarecimentos a fulanos e beltranos e até a meias palavras e insinuações. [...] Faço questão absoluta de que esta minha manifestação conste em ata, em sessão pública.

A Sra. Ministra Eliana Calmon: Sr. Presidente, peço a atenção de V. Exª., visto que o Sr. Ministro Franciulli Netto pediu apenas para constar em ata.

O Sr. Ministro Franciulli Netto: Faço questão absoluta.

O Sr. Ministro Nilson Naves (Presidente): Srs. Ministros, submeto o requerimento do Sr. Ministro Franciulli Netto para que conste em ata. O meu voto é em sentido contrário. Colho o voto do Sr. Ministro Antônio de Pádua Ribeiro.

O Sr. Ministro Antônio de Padua Ribeiro: Sr. Presidente, o Tribunal tem, dentro da Constituição e das leis do País, tomado as medidas indicadas para o caso concreto. Nesse sentido, designou uma Comissão integrada pelos mais eminentes Ministros desta Corte, os Srs. Ministros Sálvio de Figueiredo Teixeira, Ruy Rosado de Aguiar e Francisco Peçanha Martins, experimentados e qualificados, os quais têm trabalhado seguindo os rituais previstos na Constituição e nas leis. Creio que cabe ao Tribunal, que já optou por esse encaminhamento, confiar nessa Comissão e esperar suas conclusões e sugestões. Fazer algo de forma diversa implica, pela via oblíqua, criticar um trabalho o qual sequer conhecemos até o momento. Por isso, peço vênia para ponderar ao eminente Ministro Francciulli Netto, cujas preocupações são de todos nós, que possamos seguir um ritual. Não podemos atropelar aqueles passos já previamente definidos pelo Tribunal, e de forma clara, transparente, a fim de que dúvida não haja sobre o comportamento de qualquer ministro desta Casa.

O Sr. Ministro Franciulli Netto: Sr. Ministro Antônio de Pádua Ribeiro, V. Exª. me permite um aparte? Penso que não estou sendo entendido. Não fiz requerimento algum. Sou 1/33 deste Tribunal. Limitei-me a pedir que fosse consignado em ata que estou de acordo com o teor da manifestação do Dr. Rubens Approbato Machado. É um direito que tenho. Contudo, se for indeferido, quero o inteiro teor do indeferimento para que possa manifestar-me por outros meios. Se não posso, como Ministro do Superior Tribunal de Justiça, fazer um pedido de consignação de uma manifestação – mesmo porque não fui inteirado de a quantas anda o trabalho da Comissão, há mais de uma pessoa envolvida neste episódio e também não sei se ela está sendo investigada pela Comissão *(nota minha: trata-se da mulher do presidente do STJ)*, não sei se foi afastada, ou não, do cargo que ocupa –, se não puder manifestar um acordo, e se V. Exª. estiver em desacordo, diga que não concorda com os termos do artigo. Não requeri coisa nenhuma! Está havendo uma inversão profunda da ordem do que pedi. [...] Se não tenho sequer o direito de manifestar-me, não sei mais o que farei nesta Corte. V. Exª. está encaminhando erroneamente. Indeferindo o que? Não requeri nada.

O Sr. Ministro Nilson Naves (Presidente): Sr. Ministro Franciulli Netto, estou voltando atrás. V. Exª. quer que conste de ata?

O Sr. Ministro Franciulli Netto: Quero que conste apenas que estou de acordo, em gênero, número e grau, com a manifestação do Dr. Rubens Approbato Machado, inclusive no ponto em que diz que os investigados devem afastar-se de suas funções até a apuração final. Caso não tenha o direito de fazê-lo, pediria licença para me retirar, pois não sou vaca de presépio nem dois de paus.

O Sr. Ministro Nilson Naves (Presidente): Peço à taquigrafia que conste de ata a manifestação do Sr. Ministro Franciulli Netto.

É preciso dizer mais?

CPIs E AS RAÍZES DA IMPUNIDADE

Se existem leis, às vezes até em excesso e rigorosas, para punir todos os crimes; se existe um Ministério Público com amplos poderes constitucionais de fiscalização e cobrança; se existe uma imprensa livre; se em todas as esferas de poder há funcionários zelosos, que tentam combater as bandalheiras à sua volta; se no Executivo, no Legislativo e no Judiciário há pessoas sérias, que se recusam a participar de negócios desonestos; então como se explica que só com as CPIs tenha vindo à tona, em sua dimensão assombrosa, a infiltração do crime organizado nos poderes de Estado do Brasil? Na própria estrutura das CPIs está um início de resposta a essa indagação.

Composta de parlamentares de perfis, partidos, regiões, grupos, profissões e até cacifes eleitorais diferentes (a mais eficiente delas é presidida por um cantor do inortodoxo gênero pagode gospel), as CPIs se tornaram instrumentos propícios à quebra dos vínculos corporativos que, em última análise, representam uma das principais raízes da crônica impunidade vigente em nosso país. Apesar de os parlamentares brasileiros serem freqüentes em exibir atitudes de autoproteção – como a aberrante anistia eleitoral com que os deputados federais acabaram de se presentear –, ao integrarem uma CPI se desprendem de seus compromissos corporativos – beneficiando-se, é certo, da compensação eleitoral por seu destaque na mídia.

No Brasil sempre se organizaram com muita facilidade, e até espontaneamente, as redes de cumplicidade corporativa, que vão muito além da proteção ao colega, ao conterrâneo, ao vizinho ou ao correligionário. São estranhas solidariedades, por exemplo, que levam o motorista na estrada a dar sinal de luz a um desconhecido, que vem em sentido contrário, alertando-o da presença da polícia – no que pode estar poupando da punição um desconhecido assassino. Ou levam homens e mulheres a acobertar as prevaricações pessoais de simples conhecidos.

Se isso já é uma tendência cultural, havendo o envolvimento de grandes somas em dinheiro, sejam provenientes de lesões ao patrimônio público – como o superfaturamento nas obras do TRT* de São Paulo –, ao patrimônio particular (como o roubo da herança do menor Luis Gustavo Nominato) e, especialmente, à massa assustadora de dinheiro lavável do narcotráfico, oriunda de um esquema com múltiplas conexões interestaduais e internacionais, é fácil estabelecer uma formidável rede de autoproteção corporativa, envolvendo setores empresariais com membros do Judiciário, do Ministério Público, dos Legislativos de todas as esferas e de instituições públicas ou privadas dos mais diversos campos de atuação.

Por outro lado, as pessoas honestas não se dispõem a denunciar as desonestas que, de alguma forma, façam parte de sua "tribo", não apenas pelo medo de represálias – que de fato ocorrem –, mas porque, historicamente, a delação

---

*. Tribunal Regional do Trabalho.

tem sido uma das atitudes consideradas mais indignas e desprezíveis em nosso país. Não é à toa que Joaquim Silvério dos Reis é julgado (com justiça) a figura mais odiosa de nossa História e que uns tantos dedos-duros da época da ditadura militar foram obnubilados (*idem*) do espaço público. Mas, como disse em recente entrevista ao *Estado* a presidente do Conselho de Controle de Atividade Financeira (Coaf), Adrienne Sena, "o brasileiro tem um traço cultural avesso à delação, o que acaba por fazê-lo conivente com a impunidade". Sem dúvida aí está – no silêncio cúmplice – outra notória raiz da impunidade nacional. Talvez fosse boa estratégia as autoridades usarem sempre o termo denúncia – e não delação – para designar os depoimentos de testemunhas de crimes.

Além da diversidade de qualificações de seus componentes, o que lhes dá perfil não corporativo, as CPIs obtêm sucesso na ruptura das redes de cumplicidade porque permitem – até pelo anseio que têm seus integrantes de se exibir perante as TVs a cabo – que a sociedade acompanhe os passos das investigações: a apresentação de indícios e provas, os interrogatórios e as acareações – embora, muitas vezes, estas rivalizem com as baixarias dos programas do tipo "mundo cão". No campo da transparência, pois, as CPIs se diferenciam bem dos processos internos ou das correições judiciais "sob segredo de Justiça". E, como a falta de transparência nas sindicâncias e investigações internas dos órgãos públicos (a começar pelos policiais) é outra raiz fundamental da impunidade vigente, nesse ponto também as CPIs podem levar vantagem.

As CPIs contribuíram até para o afastamento, da própria corporação congressual, de algumas figuras indesejáveis, tais como os famosos "anões do Orçamento". Mas é preciso lembrar que, sistematicamente, tais cassações têm sido decididas por "quebra do decoro parlamentar", enquanto na Câmara dos Deputados está encalhada há um ano e meio, pronta para entrar na ordem do dia – e nunca entra –, a emenda constitucional alterando a imunidade parlamentar, cujo projeto foi assim justificado por seu autor, o ex-deputado Domingos Dutra (PT*-MA), há mais de quatro anos: "O instituto da imunidade parlamentar tem sido desfigurado, confundido com impunidade, e vem sendo desviado para proteger parlamentares acusados de crimes como estelionato, homicídio, tráfico de drogas e outros." Não estaria aí mais uma robusta raiz da impunidade nacional?

Pelas características apontadas, algumas das CPIs – como a do Narcotráfico –, se transformadas em permanentes, seriam utilíssimas no combate à impunidade, especialmente tendo em vista o desmonte das múltiplas redes do crime organizado instaladas no País. Juntamente com a normatização do sistema de proteção às testemunhas, da multiplicação dos mecanismos de disque-denúncia – que têm dado ótimos resultados na área da saúde – e também da infiltração legal de agentes no narcotráfico – conforme anteprojeto do secretário nacional Antidrogas, Walter Maierovitch –, é possível que a sociedade brasileira venha a perder um pouco a insegurança que causa o fato de, no Brasil, o crime ser um investimento de risco pequeno e rentabilidade imbatível.

---

*. Partido dos Trabalhadores.

NÃO DESFIBRAR OS JOVENS SERVIDORES

O policial, de 27 anos, empunhava a metralhadora diante do assaltante que, armado de revólver, acabara de pegar uma criança. Para não pôr em risco o pequeno refém, o policial não disparou, mas logo recebeu do bandido uma bala fatal. Dois meses depois, aparecia na televisão (programa de Goulart de Andrade, na Rede Record) a mãe desse policial – tenente Corpas, da PM –, acompanhada de outro filho, mais jovem, integrante da mesma corporação.

Com expressão de profunda mágoa, mas contida, sem chorar, apenas os olhos marejando, num semblante quase sereno de quem já agüentou a pior perda, ela dizia que seu filho fora um herói. Perdera a vida para salvar uma criança. Mas ela não queria indenização, nem nada do governo, nem de ninguém. Só queria uma palavra de reconhecimento pelo gesto do filho. Havia dois meses que o enterrara e ninguém do governo, nem "dos direitos humanos", nem da CNBB[*],

*. Conferência Nacional dos Bispos do Brasil.

nem de nenhuma associação a tinha procurado ou lhe enviado mensagem dizendo: "Seu filho foi um herói". Custava tanto dizer isso?

Talvez, mais do que a indignação pelo filho morto, aquela mãe sentisse a necessidade de dar uma explicação ao outro filho, vivo. Como dizer a ele que valia a pena agir certo, dentro da lei, ser um bom profissional, cumprir o dever com coragem, arriscar-se pelo bem do próximo, como faziam alguns mocinhos que ele e o irmão tinham visto na televisão quando eram pequenos, alguns "tiras" valentes e simpáticos que atraíam as meninas e os tinham inspirado a seguir a carreira?

Como ela faria o outro filho entender que, sendo um bom policial, capaz de resistir ao dinheiro fácil do crime organizado e ao justiceirismo sanguinário, do tipo Charles Bronson, ele poderia ser recompensado pela sociedade, se não com bom salário, ou boas condições de trabalho, ou segurança para a família, ou chance de envelhecer tranqüilo, ao menos com o respeito da comunidade, expresso num simples gesto de reconhecimento?

Tem-se falado muito dos muitos defeitos da polícia. Falta de recursos humanos e materiais, falta de treinamento e reciclagem, baixos salários, corrupção, associação com o crime organizado e mais um sem-número de mazelas. Só que a constatação de tais vícios tem levado a uma injusta generalização, que conduz ao desprestígio social. A imagem excessivamente desgastada, que mistura numa geléia moral os ruins com os bons, desestimula aqueles que nutriam o sonho de ser aceitos e admirados por exercerem um trabalho correto, corajoso, valoroso, em benefício da comunidade.

Na verdade, esse não-reconhecimento do valor dos que se arriscam em fazer cumprir a lei contribui para a entronização do modelo contrário, isto é, dos que adquirem força, fortuna e fama graças à prática do crime e ao desfrute da impunidade. É que, com todo o esgarçamento de valores – éticos, familiares, culturais, religiosos, ideológicos etc. – deste nosso complicado fim de milênio, os jovens estão, continuamente, incorporando modelos, positivos ou negativos, que lhes pareçam indicar o rumo da sobrevivência e da aceitação social. E para alguns parece que só resta a ousadia "heróica" da marginalidade, na busca da auto-estima, da superação das próprias limitações, ante a valorização voluptuosa do *status* e do consumismo, especialmente por parte dos veículos de comunicação de massa.

Certamente, esse foi o caso do menino que aos sete anos prometeu à professora virar marginal e aos dezoito cumpriu a promessa, matando-a (apresentado no programa *Linha Direta*, da Rede Globo). No entanto, por mais perplexa que hoje esteja a sociedade brasileira ante uma contaminação criminal generalizada, gigantesca, que atinge quase todas as instituições e se conecta, direta ou indiretamente, com os três poderes da República, existe uma nova geração de servidores públicos com disposição e fibra para combatê-la. São jovens promotores e promotoras de Justiça, às vezes recém-formados e recém-nomeados, com as leis bem gravadas na cabeça, que partem para cidades longínquas do interior, substituindo titulares, enfrentando com entusiasmo pilhas acumuladas de processos, trabalhando com tenacidade na defesa dos interesses gerais da cidadania. São jovens magistrados e magistradas que, da mesma forma, com as leis, a jurisprudência e as melhores interpretações doutrinárias ainda bem frescas na cabeça, iniciam sua carreira, como devotos peregrinos, em cidades grandes, médias ou pequenas, mantendo acesa a chama do idealismo, ao cumprir a missão de dizer o Direito e dar a cada um o que é seu. Ou são jovens auditores, serventuários, servidores de vários escalões e esferas de poder, que ainda acreditam ser possível mudar, com dedicação e empenho, tantas práticas e rotinas viciadas, de estruturas há tão longo tempo carcomidas. Por isso é que, muito mais importante do que atentar para os que se exibem nos palcos iluminados das CPIs, nas tribunas parlamentares, nos gabinetes ministeriais ou nos vestíbulos dos tribunais, com frases de impacto bem preparadas para gerar, pela mídia, os chamados "fatos políticos", é prestar atenção naquelas jovens formiguinhas que, muitas vezes enfrentando as maiores dificuldades – quando não pressões –, vão demonstrando um autêntico engajamento em favor do interesse público. É claro que essas pessoas não costumam aparecer nos principais horários dos principais telejornais nem nas primeiras páginas dos jornais. Quando muito surgem aqui e ali numa TV a cabo ou numa curta entrevista de rádio, fora dos horários nobres. Mas é preciso de algum jeito chegar a elas para lhes transmitir apoio. É preciso dizer-lhes que seu trabalho é fundamental para tornar a sociedade brasileira rica e, sobretudo, justa. Porque esse incentivo talvez impeça que os jovens servidores públicos, ainda cheios de idealismo, se deixem desfibrar pelos que, "de tanto ver triunfar as nulidades", de há muito aderiram ao cordão dos triunfantes. E, apesar de valer muito, nosso reconhecimento custaria pouco, como pouco custaria às prestigiadas representantes da sociedade civil, especialmente zelosas dos direitos humanos, mandar uma simples mensagem à mãe daquele jovem tenente da PM, dizendo: "Seu filho foi um herói". Pois ele tombou pelo maior dos direitos humanos: a vida.

A TRANQÜILIDADE DOS FACÍNORAS

O que mais tem causado perplexidade em quem assiste a noticiários e programas policiais, no rádio e na televisão não é o volume e o grau de violência dos crimes. Não são os detalhes escabrosos das agressões ou a ilustração da imensa crueldade que um ser humano é capaz de praticar contra outro que não lhe fez mal nenhum. O que realmente estarrece é a tranqüilidade, o equilíbrio e o tom de quase doçura com que os criminosos relatam seus feitos perante as câmeras e microfones.

É cada vez mais raro ver nos telejornais bandidos cobrindo o rosto com as próprias camisas. Agora, eles parecem ver a luzinha vermelha e olhar certo para a câmera certa. Falam de maneira pausada e articulada, ouvem com educação e respondem com precisão às perguntas dos repórteres, mostrando, até mesmo, um certo espírito "eqüitativo", ao distribuir respostas numa "coletiva". E, se por acaso choram durante uma entrevista, dão a nítida impressão de que pretendem apenas exibir seu talento artístico, como se estivessem atuando na cena de uma novela. Além de bem mais articulados e "educados", os facínoras de hoje se apresentam limpos, cabelos assentados, barbas feitas e roupas apresentáveis.

Discorrem sobre as próprias atrocidades como se estivessem proferindo uma palestra profissional. Narram alguns de seus "serviços", como o metralhamento de pessoas pelas costas, a queima de criança no berço, com gasolina, a amputação da orelha de um seqüestrado, ou o estupro de uma mulher, seguido de seu estrangulamento, como se fossem economistas dissertando sobre a expansão da base monetária.

Nesse novíssimo perfil de criminosos a maior novidade é a declaração, explícita, de falta de arrependimento. Os bandidos hoje dão seus depoimentos com convicção, como se defendessem uma tese perante uma banca examinadora: Consideram-se cidadãos, no pleno gozo de seus direitos, credores – e não devedores – da sociedade, que não lhes propiciou a oportunidade de exercer um trabalho legal e com ele sustentar a família. Argumentam no sentido de que cometeram seus bárbaros crimes "em legítima defesa". E o pior é que parecem, de fato, convencidos disso.

É claro que por trás de toda essa exagerada auto-estima existe uma certeza: a impunidade. Muitas vezes o bandido está descrevendo o assassinato de sua última vítima, quando é indagado sobre suas vítimas anteriores. Então confessa, *en passant*, tê-las matado. Mas, sem dar muita importância a seus velhos homicídios e latrocínios, logo volta a descrever em pormenores o mais recente, dando a entender que está muito mais interessado em exibir para os telespectadores um capítulo inédito do que um "Vale a Pena Ver de Novo" de sua trajetória criminal.

Nesta virada de ano – e de século, e de milênio – tem surgido uma espécie de consenso, na sociedade brasileira, a respeito do fato de a impunidade ter virado uma tragédia nacional. Pode até haver outras causas, mas, pelo próprio perfil de novos facínoras, sente-se que a impunidade se tornou o impulso maior dessa violência descomunal, que nos tem dado duas opções: permanecer enjaulados ou passar por uma roleta-russa nas ruas, todos os dias. Sem dúvida é essa impunidade que incentiva os massacres, as chacinas e a ousadia assombrosa das operações bélicas de resgates de presos, nos distritos policiais.

Mas a questão é ainda mais ampla e abrangente. Qual é o fator determinante das conexões do crime organizado com os Poderes da República? Como podem ter se expandido tanto as ramificações dos empreendimentos criminais, no campo da produção e do tráfico de drogas, do roubo de cargas, do superfaturamento de obras públicas, da apropriação indébita de fortunas pertencentes a particulares – como a do menor Luiz Gustavo Nominato – e da lavagem do dinheiro gerado por tais atividades? Como se explica a estreita ligação, nesta corrente delituosa, de parlamentares, magistrados, procuradores, empresários, dirigentes de instituições públicas, particulares e autárquicas, conforme o apurado pelas CPIs?

A imunidade parlamentar, que por uma distorção crônica protege os legisladores de processos judiciais por crimes comuns sem nenhuma relação com o exercício de seus mandatos – razão porque só em casos extremos um legislador notoriamente criminoso pode perder o mandato, por "quebra do decoro"; o "segredo de Justiça", que encobre as correições ou os processos disciplinares internos dos tribunais, os quais resultam, no máximo, na "punição-prêmio" chamada "disponibilidade" – em que o culpado continua a ganhar, sem trabalhar; as cumplicidades corporativas, que levam a decisões eticamente aberrantes de Poderes de Estado, tais como a vergonhosa auto-anistia eleitoral com que os legisladores federais se premiaram (teve um senador que se justificou alegando também "legítima defesa"), ou como o impedimento judicial dos depoimentos de juízes suspeitos na CPI: tudo isso significa, numa palavra, o fulcro institucional da impunidade.

Muitos podem achar que a causa principal da impunidade no Brasil é a displicência, a falta de rigor ou o relaxamento na cobrança e na aplicação das leis. Essa avaliação é injusta para com o Ministério Público e a Magistratura – mesmo porque há gritantes diferenças de qualidade nessas instituições, conforme a região do País a que pertençam. Na verdade, a impunidade nacional não decorre da omissão e do descaso, pois é construída, elaborada, no bojo de um volumoso e defeituoso arsenal de leis, para cuja mudança não existe vontade política.

Isso explica, por exemplo, o fato de os líderes e os partidos no Congresso não se entenderem de forma nenhuma quanto ao projeto de lei, há muito em tramitação, destinado a excluir os crimes comuns da imunidade parlamentar.

Não chegam a acordo porque, no fundo, não querem mudar o escandaloso privilégio que os tornam, na prática, inimputáveis penais – e alguns assumiram a carreira parlamentar, justamente, para usufruir esse privilégio...

Isso também explica o fato de não se conseguir – ou melhor, não se querer – mudar um sistema de execução penal perversamente complacente, pelo qual tirar a vida de um ser humano pode significar um "investimento" de, no máximo, uns cinco ou seis anos de prisão. Ou seja, tempo de um curso de Direito ou de um de Medicina. Convenhamos: com todos os exemplos de cima e as facilidades de baixo, há ou não razão para os facínoras mostrarem-se cada vez mais tranqüilos?

ESTELIONATO EDUCACIONAL

Nos Estados Unidos, a potência hegemônica mundial com uma população de 292 milhões de habitantes, disparidades legislativas entre os Estados federados em quase todos os campos jurídicos (havendo, por exemplo, os que adotam e os que não adotam a pena de morte), sendo ainda uma sociedade com volume gigantesco de conflitos e demandas judiciais, existem hoje 180 faculdades de Direito. No Brasil, com 173 milhões de habitantes, legislação federal (uniforme) abrangendo, praticamente, todos os campos do Direito (civil, comercial, penal, processual, trabalhista etc.) há hoje nada menos do que 662 faculdades de Direito em funcionamento – portanto, temos quase quatro vezes mais cursos de formação de profissionais do Direito do que os norte-americanos, que têm população quase 70% maior do que a nossa.

E qual o nível atual da quase totalidade dos que saem das nossas faculdades de Direito (com as raríssimas exceções que confirmam a regra)? Calamitoso. Os índices de reprovação no exame da Ordem dos Advogados do Brasil giram em torno de 80%. E a reprovação nos concursos para o Ministério Público e a Magistratura chega a assustadores 98% – o que já demonstra o tamanho do bando de ignorantes que todos os anos saem das faculdades, docemente iludidos, com seus canudos de papel, achando que vão exercer o que, de fato, é uma bela profissão – mas sem desconfiarem de que estão absolutamente despreparados para exercê-la, afora a circunstância de esbarrarem na rua com magotes de concorrentes, igualmente despreparados (e desempregados), tendo que se contentar, às vezes, com a merreca de remuneração lhes oferecida pelo trabalho na Assistência Judiciária.

Os estudantes e suas famílias se sacrificam para custear o estudo caro e ruim dessas arapucas espalhadas pelo País afora, julgando que com isso estão garantindo seu futuro. Na verdade, como vítimas de um verdadeiro estelionato educacional, em que compram "gato por lebre", quanto à aquisição de um mínimo indispensável de conhecimento técnico-jurídico (ou de conhecimentos gerais) para o exercício da profissão (ou de qualquer atividade que exija um mínimo de preparo intelectual), esses coitados apenas engordam os cofres de espertalhões que, apesar de toda a crise ou recessão, sempre auferem grandes lucros do negócio do ensino superior – e é claro que não apenas na área do Direito, mas em inúmeras outras, pois este é um negócio que explodiu no últimos anos e já significa um faturamento de R$ 14,9 bilhões.

De fato, o negócio é tão bom que está atraindo o capital especulativo internacional. Matérias de quarta e quinta-feira, neste jornal, dão conta de que investidores americanos, canadenses e europeus, que costumam aplicar seus dólares em fundos de investimento estrangeiros, mesmo sem jamais terem tido qualquer contato com o campo da Educação, planejam adquirir instituições de ensino superior no Brasil, participar de sua gestão para depois revendê-las, com preço multiplicado. Quer dizer, o negócio da Educação, no Brasil virou uma espécie de "casa da mãe Joana" – uma alta rotatividade pedagógica – capaz de atrair autênticos especuladores internacionais.

O ministro da Educação, Cristovam Buarque, assim justificou seu apoio à vinda do capital externo, para a compra de universidades brasileiras (anteontem, neste jornal): "É muito melhor que o capital seja aplicado na educação do que em outras áreas, como pornografia ou jogo". Bem, em termos. É possível até que o investidor estrangeiro, ao adquirir uma dessas arapucas, esteja aplicando dinheiro nas três áreas ao mesmo tempo, pois não deixa de ser um jogo a aquisição e revenda de instituições de ensino superior, de nível mais próximo do pornográfico do que do científico. Acontece que o produto final que sai das linhas de montagem dos inescrupulosos fabricantes de diplomas é a pura e simples desilusão, o que para o início da vida profissional dos jovens pode se tornar mais deletério do que o jogo ou a pornografia.

Alguns poderão argumentar: Se essas escolas de nível superior já são de nível tão inferior, será que a entrada de capital estrangeiro, no setor, tem condições de piorá-las? O pior é que tem. Com uma "boa" gestão administrativa, em termos de diminuição de custos, haverá a possibilidade de aumentar a escala de atendimento, barateando o preço das mensalidades e, em conseqüência, multiplicando o número de matrículas. E se na imensa maioria dessas escolas os exames vestibulares já foram substituídos por simples cadastramentos, é possível que, com o aumento da produtividade – por aumento de escala de produção – da indústria de diplomas, graças ao *know-how* de maximização de lucros dos prepostos dos gestores da especulação internacional, em lugar de nelas entrarem (e delas saírem) simples ignorantes, nelas entrarão (e delas sairão) analfabetos completos. Do que se conclui que a abertura ao capital estrangeiro, nessa hipótese, pode significar a potencialização internacional do desfrute previsto no artigo 171 de nosso Código Penal.

EXEMPLAR RESPEITO AOS CLIENTES

Nestes tempos em que clientes costumam ser tão desrespeitados, como é o caso de telefônicos que repassam as ligações dos usuários para opções gravadas infindáveis, de empresas que atendem dizendo "sua ligação é muito importante para nós", mas deixam seus fregueses pendurados ao fone, ouvindo insuportáveis mensagens de *marketing* (e pagando impulso), de médicos que largam pacientes horas e horas numa sala de espera, ou de concessionárias que cobram fortunas por serviços não executados, há uma categoria de profissionais que trata seus clientes com uma consideração, de fato, exemplar: Trata-se dos advogados criminalistas. Para estes, os criminosos não só detêm a quintessência da cidadania, uma vez que são titulares de um volume torrencial de direitos – muito acima do que usufruem quaisquer outros cidadãos, especialmente se estigmatizados pela execrável condição de vítimas –, mas também possuem insuspeitas qualidades intelectuais, a ponto de poderem ilustrar, com seus pensamentos, verdades inquestionáveis.

Em recente entrevista, no programa do Jô Soares, o ilustre ministro da Justiça, Márcio Thomaz Bastos, com a autoridade de quem tem a mais exitosa carreira de criminalista do Brasil e renunciou a 1.014 patrocínios, para assumir o cargo, por confessada "vaidade", citou a interessante observação de um "jurista italiano", que dizia: "O criminoso prefere estar preso com dinheiro a estar solto sem dinheiro". Só que o autor da frase, guindado pelo ministro à elevada qualificação de jurista – apesar de só ter feito o curso primário –, é o bandido mafioso Gaspari Mutolo, um protegido do "capo dei capi" Totó Riina.

Mesmo que tivesse lido apressado o texto em que estava tal citação (a coluna do juiz Walter Meyerovitch, na *Carta Capital*) era para um ministro da Justiça desconfiar que um jurista não teria a vivência carcerária suficiente para formular uma máxima desse gênero. Se a entrevista do Jô passar na Itália, há o risco de haver uma corrida de bandidos, de lá para cá, na expectativa da subida de *status* ofertada pela palavra ministerial. A observação do criminalista ministro veio a propósito de um projeto de alteração da Lei de Execuções Penais e do Código Penal, visando aumentar o tempo de isolamento, em presídios de segurança máxima, de assassinos e traficantes de alta periculosidade – sobre o que o mais prestigiado ex-presidente da OAB discorda, com veemência.

Em artigo na *Folha* ("O Terror Penal"), o também ilustre advogado criminalista e ex-ministro da Justiça Miguel Reale Júnior, condenando, da mesma forma que o colega Bastos, às propostas de aumento de rigor e de tempo de confinamento dos facínoras, cita Caffarena, da Universidade de Sevilha, ao assinalar que "o isolamento celular deve ser excepcional, pois gera problemas psicossociais com labilidade afetiva, passando da agressividade à submissão, com estados de ansiedade, sendo certo que o isolamento por alguns dias causa conflitos de personalidade irreversíveis". Realmente, deve ser objeto de grande preocupação da sociedade brasileira a "labilidade afetiva" que, eventualmente, venha a sofrer o jovem Batoré (que já matou 15), ou a passagem "da agressividade à submissão, com estados de ansiedade", que, eventualmente, venha atingir o Fernandinho Beira-Mar (que pelo celular costuma comandar, nos pormenores, a tortura de seus executados) ou os "conflitos de personalidade irreversíveis" que, eventualmente, possam acometer o Elias Maluco (especialista em matar e esquartejar jornalistas), caso estes cidadãos fiquem muito tempo isolados em uma cela de segurança máxima. Já pensaram o sofrimento terrível por que passariam, sem ninguém para conversar, para trocar idéias, sem um mínimo de calor humano? Como poderiam se recuperar a contento?

O manifesto do Movimento Antiterror, que teve como principal mentor o também ilustre advogado criminalista e ex-ministro da Justiça, José Carlos Dias, segue a mesma linha, condenando – entre muitas outras coisas – as mudanças legislativas tendentes a agravar as penas e deixar os bandidos perigosos mais tempo isolados, o que considera "pirotecnia legislativa, boa somente para enganar a sociedade, útil apenas para campanhas eleitorais".

Mas há um outro ponto fundamental, em que tanto o ilustre criminalista ministro da Justiça atual, quanto os dois ilustres criminalistas ex-ministros da Justiça mencionados, fazem profissão de fé – e já conseguiram impor sua opinião ao Congresso: Trata-se da eliminação do chamado exame criminológico – feito por uma comissão técnica, composta de psiquiatras, psicólogos, assistentes sociais etc. – destinado a aferir o grau de periculosidade remanescente do preso, para saber se ele tem condições ou não de reintegrar-se ao convívio social. O argumento principal do ministro Bastos é quanto à ineficácia, à pouca seriedade ou à superficialidade dos laudos resultantes de tais exames – o que significa uma generalizada desqualificação de todos os profissionais envolvidos em tal procedimento (como psiquiatras, psicólogos, assistentes sociais e outros), que, até agora, inexplicavelmente, não ensejou protestos veementes das respectivas entidades de classe.

A crônica policial está repleta de facínoras que, depois de soltos, voltaram a praticar os mesmos crimes – Chico Picadinho, livre, voltou a picar suas vítimas. Mas o exame criminológico foi substituído pelo "bom comportamento". Quer dizer, se o Hildebrando Pascoal, o Fernandinho Beira-Mar, o Elias Maluco, ou aquele seu amigo que acendia cigarro na carne do jornalista Tim Lopes, enquanto ela era tostada (na descrição impressionante do livro de Percival de Souza) vierem ou continuarem a ter o excelente comportamento que demonstram, na prisão – e tudo indica que o terão, pois este será seu melhor investimento – daqui a não muito tempo teremos na praça, de novo, gente sendo serrada, gente sendo torturada e executada por instruções telefônicas, gente sendo esquartejada ou a brasa da carne de gente servindo para acender tranqüilos cigarrinhos.

Porque, ainda mais com bom comportamento, este é um campo em que o cliente, definitivamente, tem sempre razão.

O TAPETE MÁGICO

Por três vezes o povo disse nas urnas que Lula não está preparado para presidir o País...

Luiz Inácio Lula da Silva é uma figura pública extraordinária. De origem humilde e escolaridade primária, graças a sua inata capacidade de verbalizar, com veemência e contundência, os problemas concretos (então sentidos na própria pele) de seus companheiros metalúrgicos, tornou-se o líder carismático que, no início dos anos de 1980, ajudou a mudar os rumos do sindicalismo brasileiro e livrá-lo tanto do peleguismo getulista quanto do burocrático ideologismo do velho "Partidão". Foi dessa maneira que Lula ganhou notoriedade nacional, especialmente depois de sua participação em programas de entrevistas coletivas, como o antigo *Vox Populi*, da TV Cultura, ou o *Roda Viva* – ao tempo em que esse programa tinha grande repercussão política.

A partir de então, Lula iniciou uma carreira política, propriamente dita, e seu carisma pessoal se tornou um fator simbólico de aglutinação, na fundação do Partido dos Trabalhadores, assim como um poder moderador e conciliatório – ou de "articulação" – entre as várias tendências ideológicas que disputavam (e continuam disputando) o comando do PT. Depois de uma derrota para o governo do Estado, de uma vitória (com grande votação) para o Congresso e de um mandato de deputado federal jejuno em projetos ou iniciativas, Lula foi, por três vezes, candidato a presidente da República. E tem permanecido, nos últimos dezesseis anos, nesse esquisito estado de *stand-by* "presidenciável", sem que seu partido lhe tenha dado nenhuma outra incumbência política ou administrativa. Todo esse tempo teria sido suficiente para alguém – especialmente inteligente, como Lula – adquirir toda a escolaridade (colegial, universitária e até pós-graduada) necessária para assumir grandes responsabilidades públicas no País. Mais do que isso, teria tido ele grande oportunidade de vivenciar, na prática, a administração da coisa pública, a formação de juízo próprio, para as escolhas, e o exercício, fundamental, da tomada rotineira de decisões.

Mas seria injusto dizer, como afirmou anteontem Ciro Gomes, que "Lula fez uma opção pela inexperiência". Isso não é verdade. Quem fez essa equivocada opção foi o próprio PT, que lhe negou as oportunidades de desenvolvimento, tanto educacional-cultural quanto político-administrativo. Em recente entrevista na televisão (no *Em Questão*, da TV Gazeta), quando lhe perguntei por que, durante todos esses anos, ele não se tinha candidatado a governos estaduais ou municipais nem participado, como secretário, de tantos governos petistas que já existem no Brasil – o que lhe teria servido de indispensável experiência administrativa –, Lula desconversou e não respondeu. Mas, depois do programa, durante o cafezinho que tomamos na sala VIP da emissora, ele confessou que tentara, insistentemente, candidatar-se a prefeito de São Bernardo do Campo – e o partido o impedira. Por quê? Eis aí o cerne da questão: para quase todos os líderes petistas, Lula é uma espécie de tapete mágico que os levará ao poder. Quando se conversa com eles (preferentemente em *off*), nenhum defende (até por respeito à inteligência do jornalista) as qualidades de "estadista" de Lula. Também nenhum deles se considera (porque não são modestos patológicos) com menos capacidade intelectual ou político-administrativa que Lula para se tornar chefe de governo e de Estado do Brasil. O que prevalece, na verdade, é a condescendência em relação às notórias limitações culturais da figura-símbolo do PT, como se isso não tivesse importância alguma, em face de Lula "estar em primeiro lugar nas pesquisas". Os cupulares petistas deram a Lula apenas uma inusitada "presidência honorária" do partido – pois a presidência partidária efetiva é uma complicada função político-administrativa. Parece que, no fundo, todos nutrem o desejo de chegar ao poder efetivo, no País, graças à influência que venham a ter sobre uma "Presidência da República Honorária", a ser ocupada por Lula.

Como não poderia deixar de ser, embora às vezes pareça dominado pelo inebriante deslumbramento de quem chegou – sem o esforço do aprendizado – a um mundo aventuroso e encantado, onde as coisas podem acontecer ou deixar de acontecer segundo a vontade mágica de cada um (e sua trajetória de vida é um pouco isso), Lula vai agindo e reagindo, de maneira intuitiva, às idéias, propostas e projetos que seus correligionários e/ou assessores lhe vão soprando ao ouvido. Apesar de muito inteligente, Lula não teve oportunidade (pelo menos ainda) de formar categorias básicas de conhecimento que pudessem fundamentar um processo realmente reflexivo, o que é indispensável para o entendimento mais aprofundado de problemas complexos. Transformando-se num ponto de convergência de múltiplas influências, sem dispor (pelo menos ainda) de aparato intelectual capaz de filtrá-las com o necessário rigor, o presidenciável petista, apesar de todo o seu carisma e estilo de personalidade próprios, se torna multimanipulável, de acordo com a proximidade maior ou menor que dele consigam obter os políticos, economistas e assessores do PT, tanto quanto os marqueteiros contratados pelo partido. O resultado disso são as idéias disparatadas, as opiniões desastradas e as frases infelizes que, no fundo, acabam traindo as suas mais honestas, generosas e mesmo patrióticas intenções. Foi o caso, por exemplo, da defesa que fez do sistema de subsídios à agricultura francesa – totalmente lesivo ao Brasil –, ou da opinião segundo a qual "só devemos exportar depois de combater a fome" (se Cuba adotasse esse lema, os cubanos só se alimentariam de garapa de cana), ou daquela frase "a privatização é um estupro" – que, no mínimo, é um desrespeito às vítimas desse crime hediondo.

Por três vezes o povo brasileiro, respeitando as qualidades pessoais, a sensibilidade, o carisma e a bela trajetória de ascensão social de Luiz Inácio Lula da Silva, disse, nas urnas, que ele não está preparado para assumir as funções de chefe de Estado e governo do Brasil. Por três vezes o povo disse, nas urnas, que Lula é um quadro político de grande potencial, desde que lhe seja ofertado aquilo que todo o cidadão brasileiro necessita para crescer: a saber, educação, cultura e muito trabalho. Mas as lideranças petistas só parecem interessadas no vôo fantástico de seu tapete mágico, sustentado (de novo... e por enquanto) pelos belos ventos das pesquisas.

EXIGIR PREPARO NÃO É PRECONCEITO – I

Tudo indica que, finalmente, depois de tensões, dese-
quilíbrios emocionais e rancores inúteis – que já prevía-
mos há dois meses (no artigo "Riscos do Temperamento
Paranóide") e que talvez pudesse ser evitado se os candidatos aos mais elevados cargos públicos do País também pas-
sassem por psicotestes – a sociedade brasileira deverá
escolher, com maior grau de racionalidade, entre dois va-
lorosos cidadãos – por coincidência, originários de famílias
humildes – quem é a pessoa mais preparada para governar
o Brasil.

Pela evolução do processo sucessório presidencial e pelo
que o eleitorado pesquisado tem demonstrado, até agora,
tudo leva a crer que essa escolha será feita sem preconceitos, clichês ou patrulhas. É como se o eleitorado tivesse,
realmente, amadurecido, ao ponto de não mais engolir os
slogans chapados e as palavras de ordem baseadas num sim-

105

plório maniqueísmo. Os cidadãos brasileiros já dão mostras de resistir aos que pretendem embotar-lhes o juízo crítico, tentando fazê-los optar por meio da imposição de certos clichês: como aquele que obriga a ou aceitar tudo do governo, sem admitir nenhum de seus erros, ou repudiá-lo integralmente, sem reconhecer qualquer de seus acertos.

Curiosamente, alguns consideram "preconceito elitista" o fato de se exigir boa escolaridade, preparo intelectual e experiência administrativa de um candidato a presidente da República. Quando se vai contratar um cidadão para qualquer tipo de função – seja um simples auxiliar de escritório, seja um executivo altamente especializado – exige-se tais requisitos. Ninguém julgará suficiente, para aquelas funções, a simples qualificação profissional de quem aprendeu "na escola da vida" e se especializou, administrativamente, fazendo inúmeras viagens e vendo os problemas sofridos pelas pessoas. Se para qualquer função se exige qualificação – de estudo, conhecimento e experiência – por que não se haveria de exigir isso para o cargo mais importante do Brasil?

E como convencer nossos filhos de que, no mundo competitivo em que vivemos, é fundamental estudar muito, formar-se, conhecer idiomas (primeiro o vernáculo, depois os mais usados nas comunicações entre os povos do mundo), quem sabe tentar uma pós-graduação (oportunidade que deve ser oferecida a todas as camadas da população, pois caso se pense o contrário, isto sim, seria preconceito elitista), se alguém pode chegar a presidente da República sem nada disso, tendo apenas passado pela "escola da vida" e feito viagens de observação, seja à Paris ou ao Vale do Jequitinhonha?

Será preconceito elitista dizer que alguém, mesmo provido de grande inteligência, carisma e espírito de liderança (o que hoje em dia não bastaria nem para se ser um líder sindical eficiente, como percebem sindicalistas consagrados que se reciclam nas universidades), não estará preparado para comandar os destinos de uma grande Nação, se lhe falta um acúmulo suficiente de conhecimento e experiência administrativa, na área pública ou privada? E o que dizer, então, de quem teve as melhores condições de concorrer, por exemplo, a um cargo majoritário numa administração municipal, ou de ser nomeado por um correligionário governante, para algum importante posto de comando, que lhe teria dado um mínimo de experiência na direção da máquina pública, mas preferiu recusar qualquer primeira experiência na Administração Pública brasileira que não fosse, simplesmente, a Presidência da República?

Será preconceito elitista estranhar-se que um político, que teve todo o apoio material (do partido e de amigos), em cerca de duas décadas, para fazer cursos supletivos, de graduação, pós-graduação, idiomas, cultura geral etc., desprezou o insubstituível esforço do aprendizado regular, optando por um langoroso autodidatismo, baseando-se numa pretensiosa superestima dos poderes gnoseológicos da mera "observação" – que o dispensaria de "rachar" junto aos livros, como fazem todos que querem subir na vida?

Será preconceito elitista afirmar que nenhum colegiado de técnicos, políticos ou especialistas em diferentes áreas – como o mostrado, ao som de trombetas e rufar de tambores, na propaganda eleitoral da TV – pode substituir a essência da capacidade decisória individual, fundada em sólidos conhecimentos internalizados, o que dá a um administrador de alto nível (como é um chefe de Estado e governo) a capacidade intransferível de absorver e elaborar (e não decorar e retransmitir) as opiniões divergentes das assessorias, os conflitos dos grupos de interesses ou as disparidades de visão das facções político-partidárias que o apóiam – seja no campo econômico, jurídico, administrativo, político, ético ou de que mais se trate?

Também há uma razão, nada desprezível, para exigir-se que um candidato a presidência da República não seja monoglota. Não é que o conhecimento de idiomas, em si, signifique um preparo especial. O problema é que um chefe de Estado e governo, em atos oficiais, deve pronunciarse na própria língua, até para valorizá-la, mas deve entender, diretamente, o que seus colegas estrangeiros dizem (pelo menos nas línguas elementares da pedagogia brasileira, como são o inglês, o francês e o espanhol) sob pena de sempre "comer pela mão" de assessores e tradutores, nem sempre confiáveis. E um presidente da República precisa ter condições de manter uma conversa telefônica pessoal e sigilosa com um colega estrangeiro – sendo que poucos deles, infelizmente, falam português.

Essas eleições estão mostrando, mais do que nunca, a grande responsabilidade das pessoas públicas por tudo aquilo que dizem em público. Às vezes, pequenas afirmações podem resultar em gafes monumentais, que nem o constrangedor pedido de perdão resolve, evitando o recibo passado de ignorância. Tais deslizes são, obrigatoriamente, registrados (para sempre) pelos veículos de comunicação – pois a notícia do que dizem pessoas públicas não pode ser sonegada à sociedade, numa Democracia. Se se trata de um chefe de Estado e governo, tudo o que diz terá efeito interno e externo. Eis mais um motivo para se exigir – sem nenhum preconceito – o melhor preparo educacional e cultural de um candidato a presidente da República, pois, sem dúvida, disso também depende o respeito que o País (já) inspira ao mundo.

EXIGIR PREPARO NÃO É PRECONCEITO – II

Quem quer que diga a um amigo ou conhecido, de qualquer profissão, que ele é inteligente, capaz, ótima pessoa, mas ainda não está preparado para exercer o cargo público mais importante do País – que é o de presidente da República – dificilmente essa pessoa se sentirá ofendida, por mais que isso contrarie a eventual cena recorrente de seus sonhos. Afinal de contas, havendo apenas uma vaga para a função, e muitas dezenas de milhões de pessoas que, pela Constituição, podem ser escolhidas para ocupá-la, não haverá de ser nenhuma diminuição, nenhum menoscabo, nenhuma falta de respeito, para com um cidadão, deixar de nele reconhecer as aptidões necessárias e suficientes para comandar os destinos do Brasil. Pois se ele não tiver preparo para isso, certamente poderá o ter para inúmeras outras funções de relevante interesse social – especialmente em se tratando de prestigiosa e carismática figura pública, como Lula.

Se isto que estou afirmando parece mais do que óbvio, assim não pareceu para muitos leitores que, gentilmente, (alguns nem tanto) me enviaram mensagens, democraticamente (algumas nem tanto) discordantes, a respeito do artigo que aqui escrevi sábado passado (embora a grande maioria dos *e-mails* recebidos fossem favoráveis aos argumentos invocados naquele artigo). Mas o que me pareceu, de fato, mais estranho, foi a coincidência de argumentação da maioria dos meus prezados leitores divergentes. Curiosamente, para demonstrar que para se ser presidente da República do Brasil, nos dias de hoje, não é preciso ter estudo de nível universitário – e nem mesmo colegial – quase todos disseram que o Brasil sempre foi governado por "bacharéis" e "está do jeito que está", daí concluírem que agora é preciso tentarmos um governo oposto, isto é, de "não bacharéis".

Esse argumento me parece de uma "lógica" semelhante à daquele sofisma, que diz: "Tudo o que é raro é caro; um burro bom e barato é raro – logo, um burro bom e barato é caro". Com certeza não lhes passou pela cabeça que governos desastrados ou medíocres que tivemos – alguns titulares dos quais ainda remanescem na vida pública –, assim não o foram em razão de diplomas universitários ou cursos colegiais completos. Pode-se estabelecer, claramente, os limites do alcance da escola – e de resto da ciência, do conhecimento e da cultura – para o aprimoramento das potencialidades mentais do ser humano, mas jamais se poderá erigir a não-freqüência à escola como virtude essencial para o desempenho de alta função pública. Por outro lado, dizer, nesse mesmo contexto (como faz a propaganda eleitoral de Lula) que "Collor era formado e tinha diploma", é o mesmo que dizer "Lalau era juiz", ou "Sérgio Naia era engenheiro", ou "Jorgina (do INSS*) era advogada" ou "Eugênio Chipkevitch (o pedófilo) era médico" – para demonstrar as desvantagens éticas de se ser formado e possuir diploma universitário...

---

*. Instituto Nacional de Seguro Social.

A propósito de diploma (e é claro que não é só um canudo que satisfaz às exigências de conhecimento e experiência de um chefe de Estado e governo), para responder a perguntas sobre sua falta de iniciativa em preencher a lacuna da própria formação educacional (e cultural), o candidato Luiz Inácio Lula da Silva resolveu adotar um tom sempre irônico, ora dizendo que "é preciso alguém sem diploma para resolver o problema dos professores", ora afirmando que "não fez faculdade porque não existe escola para presidente da República". É claro que algo assim não existe em parte alguma do mundo, embora um correligionário seu, professor de Direito da USP*, já tenha tentado criar uma escola com o nome engraçado de "Escola de Governo" – da qual alguns ex-alunos, autodenominados "estadistas", já tentaram vender "estratégias" a candidatos a cargos eletivos. Mas o que se esperava é que Lula, pelo menos, não desse tão pouca importância ao duro esforço, de milhões de humildes famílias, para fazer seus jovens entrar numa faculdade e conseguir cursá-la , por acreditarem que só assim poderão se desenvolver e galgar a escala profissional, econômica e social, nestes tempos de emprego difícil e competição globalizada. Esforço esse, aliás, que já se coroa de pleno êxito em um companheiro seu de lutas sindicais, o ex-presidente da Central Única dos Trabalhadores (CUT), Vicente Paulo da Silva – o Vicentinho –, que depois de dedicar-se, com denodo, ao aprendizado via telecurso, e fazer supletivo, entrou na faculdade de Direito e hoje já é um quartanista da Universidade Bandeirante (Uniban) em São Bernardo – além de candidato a deputado federal. Diga-se então: Sob o aspecto do cuidado na própria peparação, para a qualidade de exercício do alto cargo público, qual visão de futuro parecerá mais correta: a de Lula da Silva ou a do doutor Vicente Paulo da Silva? E o preconceito, se houver, em que estará?

Também surpreendente me pareceu a coincidência da evocação, por parte de alguns leitores, de duas grandes fi-

*. Universidade de São Paulo.

guras históricas – a saber, o décimo sexto e, certamente, mais glorioso presidente norte-americano, Abraham Lincoln (1809-1865), e o maior soberano da Europa medieval e fundador do Sacro Império Romano-Germânico, Carlos Magno (742-814) – para demonstrar a desnecessidade de um chefe de Estado e governo aperfeiçoar seu aprendizado escolar ou aprofundar-se nos estudos. Com certeza alguém andou lhes passando uma falsa informação histórica. Pois Lincoln, tendo nascido em Hodgenville, Kentucky, de uma família de lavradores muito pobres, e tendo trabalhado numa serraria e em barcos dos rios Ohio e Mississipi, enquanto estudava (depois das tarefas diárias) vorazmente, em livros emprestados de amigos e vizinhos, prestou exames em Direito (1836), foi aprovado e se tornou um popularíssimo advogado, desenvolvendo sua banca em Springfield, Illinois, só depois elegendo-se quatro vezes para a assembléia estadual (1834-1840) e se tornando representante de Illinois no Congresso (1847-1849). Portanto, teve ele uma longa experiência de causídico e de parlamentar – exercida de forma efetiva, não honorária – antes de candidatar-se a presidente da República e tornar-se o que sabemos.

Já quanto a Carlos Magno, a confusão feita talvez decorra do fato de ele só ter aprendido a ler aos 32 anos, embora a partir de então ainda tivesse mais quarenta anos para aprofundar-se em todo o conhecimento disponível à época e tornar-se o maior estadista que a História registra. E, convenhamos, no estágio de conhecimento em que se encontrava a humanidade, há 1.200 anos, talvez o autodidatismo tivesse melhores condições de êxito do que hoje... Então, se a comparação de Lula com Lincoln não é bem apropriada, a com Carlos Magno não será um tanto exagerada?

EXIGIR PREPARO NÃO É PRECONCEITO – III

Está certo que não precisamos, necessariamente, concordar com o experiente empresário Antônio Ermírio de Moraes, quando ele diz (em entrevista à *Folha*) que chamar Lula de estadista "é até uma injustiça com os estadistas que tivemos neste país". Os verdadeiros estadistas só podem se revelar no exercício do poder – geralmente em meio a grandes crises – razão porque quem ainda não o exerce não poderia ser destituído, por antecipação, desse pomposo qualificativo – embora eu ache meio exagerada a comparação, que os petistas já fazem, de Lula com Carlos Magno e Abraham Lincoln. Mas como o que mais importa são demonstrações concretas, que os candidatos a chefe de Estado e governo devem dar, a respeito de seus padrões de comportamento, entendimento e visão, em relação a um âmbito imenso de responsabilidades públicas, internas e internacionais, é interessante observar como agem tais candidatos já, e como sabem medir as conseqüências de suas declarações.

113

Embora a comparação que se faça entre candidatos tenha passado a ser considerada – pela Justiça Eleitoral e boa parte da mídia – uma espécie de ofensa sistemática (são mais aceitas as comparações com vultos históricos), recentes pronunciamentos de dois candidatos – Lula e Serra – a respeito de questões internacionais, dão boa oportunidade de avaliação do preparo e do estilo de ambos. Sem qualquer motivo, Lula chamou a Argentina de "republiqueta". Em razão da assustada reação de sua equipe – por coincidência seu principal assessor internacional é um franco-argentino –, fez publicar um artigo assinado, com uma até exagerada declaração de amor a nossos vizinhos, ressalvando apenas nossas rivalidades futebolísticas. Já o candidato Serra fez críticas consistentes à estrutura do Mercosul*, mostrando como houve precipitação em tentar-se fazer na América do Sul, em quatro anos, o que a Europa levou quarenta e dando exemplo de prejuízos comerciais causados ao Brasil, por atrapalhar certas relações bilaterais – como a com a Índia. Mas em nenhum momento usou qualquer expressão menos diplomática contra qualquer país do Mercosul.

Ao dizer – também gratuitamente – que a cada dez palavras pronunciadas pelo presidente norte-americano George W. Bush nove se referem à guerra, Lula criou, por antecipação, um desnecessário problema de relacionamento, que poderá ser utilizado, maldosamente, pela diplomacia dos Estados Unidos, para atribuir ao Brasil a inteira responsabilidade por um eventual afastamento entre os dois países. É claro que Lula tem toda razão em pensar isso de Bush – também pensamos. Mas em política externa, especialmente tratando-se do relacionamento com o grande parceiro comercial – que por acaso é a potência hegemônica do mundo – com o qual já temos tantas divergências e pendências, comerciais e de outras naturezas, tal franqueza de linguagem é tão inconveniente quanto incompatível com um processo maduro e firme de negociação. Porque no

*. Mercado Comum do Sul.

campo do confronto internacional não adiantam bravatas nem frases de "impacto". A única chance de se sair bem é com a argumentação racional, diplomática mas firme, bem fundamentada, e com a conquista de apoios nos fóruns internacionais competentes – no que não se inclui afirmações agressivas contra chefes de Estado e governo poderosos. Já Serra, indagado sobre a iniciativa de Bush atacar o Iraque, disse apenas o necessário: "Sou contra". E mudou de conversa. Será que sairá também um artigo, com a assinatura de Luiz Inácio Lula da Silva, elogiando as altas qualidades do senhor George W. Bush?

O pior é que o hábito de arrependimento e pedido de perdão, por declarações gratuitas e infelizes, parece estender-se, também, ao outro componente da chapa Lula Presidente. Pois depois de ter feito a sugestão de que Israel se mudasse de seu território – provavelmente para Angola – (o que deixara a comunidade judaica revoltada) o senador mineiro e vice de Lula mandou uma carta ao rabino Henry I. Sobel pedindo perdão pelo disparate. Convenhamos, uma política externa montada nesse tipo de entendimento e hábito seria complicada...

Apesar de tudo, chegam a ser injustas as críticas insistentes que têm feito a Lula, pelo fato de o candidato petista ora manifestar uma opinião em um dia – por exemplo, contra a Alca*, contra o FMI**, contra as privatizações, contra as horas extras, contra a Lei de Responsabilidade Fiscal, contra o *superavit* primário de 3%, a favor da "ruptura" do modelo econômico, a favor do MST***, a favor de um plebiscito sobre o pagamento ou não das dívidas interna e externa, a favor dos subsídios dos agricultores franceses, a favor do planejamento do tempo do regime militar, a favor da não assinatura do tratado de proliferação de armas nucleares etc. –, ora defender posição exatamente oposta em outro dia (por exemplo, a favor da Alca, a favor do contrato

---

* . Área de Livre Comércio das Américas.
** . Fundo Monetário Internacional.
*** . Movimento dos Trabalhadores Rurais sem Terras.

celebrado com o FMI, a favor das privatizações, a favor da Lei de Responsabilidade Fiscal, a favor do *superavit* primário de 3%, contra a "ruptura" do modelo econômico, contra as invasões do MST, contra os subsídios dos agricultores franceses, contra a bomba atômica brasileira etc.). Não se trata de "ter duas caras", mas sim da dificuldade interna de encontrar uma cara. Pois, na verdade, o que Lula está fazendo é um esforço admirável de aprendizado – não habitual em quem comanda equipes – ao conviver com opiniões divergentes, de um grupo (de políticos e técnicos) em boa parte composto de pessoas (não todas) com mais conhecimento, experiência e preparo reflexivo do que ele – embora poucos superem sua aguda inteligência. É claro que nesse difícil processo de assimilação, não pode deixar de haver idas e vindas, especialmente quando se sabe que é enorme a disputa, de todos os que integram tanto a parte estratégica quanto a operacional de sua campanha, por uma proximidade maior junto ao Líder, uma vez que isso significará, necessariamente, maior poder de influência – e, em caso de eleição do candidato, maior participação em seu governo, todos achando, enfim, que lhes caberá "conduzir" o chefe (embora sempre demonstrando em público – não em *off* – que é Lula quem dá as cartas).

Neste ponto, acho oportuno retomar o argumento que expus em artigo aqui publicado ("O Tapete Mágico"*), no sentido de que à cúpula petista não interessou dar a Lula, nos últimos dezesseis anos, maior formação intelectual (e aqui não nos referimos aos demonizados diplomas) e experiência administrativa, como teve tempo bastante e magníficas oportunidades de fazê-lo, preparando-o, de fato, para ser presidente da República, porque mais lhes interessava usá-lo como um tapete mágico que os levasse ao Poder, movido, tão somente, pelo combustível carismático.

A esta altura, só resta esperar que o tapete aterrize, sem problemas de excesso de lotação.

---

*. Ver pp. 101-104.

EXIGIR PREPARO NÃO É PRECONCEITO – IV

Por mais que se reconheçam o carisma, a liderança inata e outras inegáveis qualidades naturais de Lula, forçoso é reconhecer, também, que jamais existiu outra figura pública, no Brasil, que desfrutasse de tamanha condescendência crítica, por parte dos profissionais da comunicação. Se no início, por exemplo, era até justificável que se dispensasse o líder metalúrgico de falar o português correto, com o correr do tempo e de seu grande sucesso, na carreira de líder político, era obrigação da mídia exigir-lhe a aquisição de um preparo correspondente a suas justas ambições de poder. Porque há muito tempo, independentemente de formação escolar, com as facilidades oferecidas por novos métodos de aprendizado de línguas, com os sofisticados sistemas audiovisuais, com os inúmeros processos de leitura dinâmica e uma vastíssima oferta de informações culturais, facilmente obteníveis, só se fala mal português por desleixo, preguiça mental ou solene desprezo pelo idioma

117

nacional, consagrado no artigo 13 da nossa Constituição – desprezo esse que, convenhamos, tratando-se de importantes pessoas públicas, constitui um desestímulo ao esforço de aprendizado da juventude, em relação à língua pátria. Diga-se o mesmo quanto à nula experiência de Lula em administração pública, o que poderia ser bem diferente, se, nestes anos todos, a mídia lhe tivesse cobrado alguma prática administrativa, a ser exercida nos governos e prefeituras petistas que sempre estiveram à sua disposição.

A falta de cobrança pública em relação a suas lacunas de linguagem, de experiência e de trabalho, acostumou Lula a não sentir maior peso de responsabilidade pela coerência, fazendo-o transitar com tranqüilidade pelas coisas ditas e negadas, afirmadas e desmentidas, pensadas ou intuídas, em função da oitiva mais próxima ou do sussurro do membro da tripulação do "tapete mágico" que, no momento, desfrute de sua maior confiança. E aí não importa se o que prevalece é o que o PT escreveu e Lula assinou, na *Carta aos Brasileiros* ou o que o PT escreveu e Lula assinou, na reunião de Olinda (faça ou não a Bolsa despencar e o dólar desembestar).

Ilustra bem essa inconseqüência verbal aquele diálogo entre Lula e Garotinho (no debate da Globo), que foi considerado pela mídia uma simples "pegadinha", mas, de longe, não foi só isso. Pois, além da Cide ser assunto de interesse de todo escorchado cidadão que tem carro, Garotinho não só mencionou a sigla, mas deu o nome inteiro do imposto, que, naquele dia, reforçava o caixa do Tesouro em R$ 10 bilhões. O grave não foi Lula desconhecer por completo o assunto. Ele até poderia culpar sua assessoria técnica pela falha. Mas aproveitou a própria ignorância, em relação à questão, para repetir jargões desvinculados de qualquer tema proposto, fazer críticas genéricas, "definitivas" e disparatadas ao governo, dizendo que "o País anda pra trás", sem aduzir argumento algum que justificasse sua assertiva, tal como se obedecesse a um *script* coringa de uma peça de Ionesco.

Isso fica bem claro com a transcrição *ipsis litteris* que aqui fazemos:

Garotinho: Lula, eu gostaria de saber o que você pretende fazer com a Cide, a Contribuição de Intervenção do Domínio Econômico e por que você vai tomar essa posição.

Lula: Ô Garotinho, deixa eu contar uma coisa pra você. Em primeiro lugar, nós temos que ter claro que qualquer que seja a intervenção econômica de qualquer órgão do governo, de qualquer instituição, não pode e nem deve acontecer porque, definitivamente, nós queremos construir neste País uma coisa que possa significar a retomada do crescimento, a geração de empregos e quem sabe até a gente fazer com que o Brasil possa voltar a ser a oitava, a sétima e a sexta economia mundial. Eu estou convencido que os equívocos cometido até agora pelo governo, não apenas por esse, por outros anteriores, é que levou o Brasil a deixar de ser a oitava economia mundial pra ser a décima primeira com possibilidade de passar a ser a décima segunda ou a décima terceira porque o Brasil, definitivamente, está andando pra trás. E eu estou convencido que a retomada do desenvolvimento econômico, a geração de empregos, a distribuição de renda é o que pode fazer com que o Brasil possa dar certo e possa recuperar a auto-estima do povo brasileiro e possa fazer com que a gente volte a ser um país respeitado não apenas internamente, mas respeitado nesse mundo globalizado que está a exigir cada vez mais dos brasileiros uma ação firme pra que o Brasil possa participar desse mundo de cabeça erguida.

Garotinho: Ô Lula, Cide não é órgão. É Contribuição de Intervenção do Domínio Econômico. Cada litro de gasolina que o cidadão coloca hoje paga 28 centavos. Cada litro de óleo diesel o cidadão paga 7 centavos. E as estradas continuam esburacadas.

Como sempre, a mídia deixou passar (resumindo tudo a uma pegadinha), sem qualquer crítica, esse verdadeiro psitacismo, de quem tem boas possibilidades de se tornar nosso próximo chefe de Estado e governo. Da mesma forma, a mídia deixou baratíssimo a idéia de Lula (exposta no mesmo debate) de usar "métodos científicos" para saber quem pertence à raça negra, o que, afora nos lembrar a única experiência histórica que foi feita nesse campo – as teorias racistas "científicas" de Alfred Rosenberg, transformadas nas abomináveis Leis de Nuremberg, que determinavam quem era ou não judeu, até várias gerações –, constitui, por si, uma afronta ao artigo 5º, XLII, da Constituição, e à Lei nº 7.716 de 5/1/1989 (lembrando que a ignorância da lei não desobriga do seu cumprimento).

Serão estes os padrões presidenciais de entendimento, resposta e linguagem, aptos a "recuperar a auto-estima do povo brasileiro"? Graças à condescendência crítica da mídia, Lula tem se permitido dizer qualquer disparate. Só que a recíproca não é verdadeira: Ainda candidato, Lula já "aconselha" a um âncora de televisão (Boris Casoy), em pleno ar, a "nunca mais" reproduzir no vídeo determinada opinião de um jornalista estrangeiro (que o ligava a Chavez e Fidel). Do jeito que vai, daqui a pouco a simples menção às palavras "idioma" ou "diploma", neste País, pode dar cadeia...

A MAJESTADE DO CARGO

O entusiasmo popular que despertou a eleição de um presidente da República facilmente identificável com a maioria da população não se justifica apenas por incrustar ainda mais, no povo brasileiro, a noção de democracia há muito institucionalizada em nosso país – cujo marco notório e "exemplo para o mundo", como tanto se fala, já ocorrera há uma década, com o *impeachment* de Fernando Collor, dentro da mais perfeita normalidade constitucional. Justifica-se, mais ainda – e esta é a novidade – por elevar o povo simples (um operário metalúrgico) à majestade do cargo presidencial. Mas isso não significa o inverso, ou seja, "simplificar" o exercício do mais elevado cargo da República, para "trazê-lo ao nível do povo", desprovendo-o de uma indispensável ritualística, ínsita à valorização da maior autoridade pública, emanada da soberana escolha popular.

Sob esse aspecto não deixou de ser decepcionante (embora acreditemos que venha a ser revertido) o comportamento inicial do presidente eleito Luiz Inácio Lula da Silva, que se deixou absorver por uma fantástica mistura de representação com realidade, cuja melhor expressão audiovisual, entre nós, tem sido o sumo da mídia-espetáculo, traduzido nos chamados *reality shows*. Não por coincidência foi, precisamente, no velho programa de entretenimento dominical da Rede Globo – o *Fantástico* – que o presidente eleito transmitiu sua primeira mensagem à Nação, depois da vitória.

No dia seguinte, os trezentos jornalistas brasileiros e estrangeiros que esperavam uma entrevista coletiva do novo presidente, só ouviram um pronunciamento escrito (o que até lhes teria dispensado a presença). É verdade que nele Lula reafirmou seus compromissos da *Carta aos Brasileiros* – respeito aos contratos, estabilidade da moeda, responsabilidade fiscal etc., repudiando assim, mais uma vez (e sem mais precisar de votos) a "ruptura" (prevista no *Documento de Olinda*) que tantos temiam. E de tal forma soube sintetizar projetos de reforma constantes da agenda tucana, como a previdenciária, a trabalhista, a tributária, a agrária e a política (só esqueceu da judiciária), que o presidente Fernando Henrique Cardoso, ao referir-se ao discurso de seu sucessor, no outro dia, chegou a usar, literalmente, a palavra "continuidade". Sendo assim, e levando em conta os até exagerados elogios a FHC, feitos por Lula e seu Megaministro (Zé Dirceu), medo, mesmo, só restou para os que temem o continuísmo.

Faz tempo que entre nós as entrevistas coletivas, que dão margem ao esclarecimento de dúvidas, de aspectos específicos de planos, projetos e idéias de governantes eleitos (bem ao contrário das declarações oficiais inquestionáveis do regime militar) se tornaram um hábito rotineiro, como em quaisquer democracias conhecidas, nas quais os titulares do Poder se deixam questionar pelos que reproduzem a opinião pública. Foi o que fez, por exemplo, o governador paulista Geraldo Alckmin, que logo ao confirmar sua reeleição concedeu longas e substanciais entrevistas coletivas (no domingo e na segunda-feira), respondendo com clareza, firmeza e segurança a um longo rol de perguntas, sem fugir nem desviar de nenhuma delas.

Lula preferiu trocar a esperada coletiva por uma longa participação (de 75 minutos) no *Jornal Nacional* da mesma Rede Globo, numa mistura de entrevista – conduzida pelo competente casal de apresentadores Fátima Bernardes e William Bonner – com um simulacro (e já preparativo) de "Arquivo Confidencial" do Faustão . Enquanto transcorria o telejornal, com matérias sobre a eleição do próprio "homenageado", nos quais apareciam pessoas emocionadas, chorando, e manifestantes eufóricos, portando suas bandeiras e exibindo com orgulho suas grandes estrelas vermelhas pintadas no rosto, também surgiam, de forma intercalada, depoimentos de antigos companheiros do presidente eleito, curiosidades sobre sua vida e sua cidade de origem. E a câmara ao vivo, no estúdio, se aproximava em close, para flagrar toda a emoção do "homenageado", na clara intenção de passar, para a imensa audiência, os olhos marejados (quem sabe na expectativa de exibir um choro rasgado) de nosso novo chefe de Estado e governo.

Agora, o que parecia, realmente, mais constrangedor, era o fato de os bons repórteres aproveitarem a magnífica oportunidade, propiciada pelo clima emocional e afetivo do programa, para forçar o presidente eleito a declinar nomes ministeriáveis. Lula resistiu, mas acabou prometendo a Fátima Bernardes a primazia da informação, a respeito da equipe ministerial. Se não tem sentido algum privilegiar uma rede de televisão – concessionária de serviço público, como todas – em detrimento de suas concorrentes, menos sentido tem ainda um chefe de Estado e governo permitir-se ao tratamento dispensado pela mídia-espetáculo aos desfrutáveis *pop stars*. E o que, certamente, a população brasileira espera, é que seu novo chefe de Estado e governo não se torne mais um personagem da cena trituradora e pasteurizante do *Big Brother* – e muito menos que isso tenha alguma coisa a ver com os rumores de que o acerto de noventa dias da Globopar com seus credores se baseie na expectativa de capitalização via fundos (de garantia e/ou pensões), a ocorrer com o novo presidente já empossado.

DE TRANSMISSÕES DE FAIXA

Esta incrível história eu ouvi, pessoalmente, do ex-presidente Juscelino Kubistchek (já cassado), em um almoço com cerca de oito pessoas (entre as quais José Mindlin e Celso Lafer, que talvez guardem mais detalhes do caso): Preparava-se a posse do presidente eleito, Jânio Quadros, que levara a oposição a uma retumbante vitória, apesar do imenso prestígio popular que ainda desfrutava o construtor de Brasília, ao fim de seu governo. Juscelino ouvira dizer que Jânio pretendia fazer, na hora da transmissão da faixa presidencial, um discurso arrasador, mostrando o estado calamitoso em que se encontrava a administração pública do País, com inflação descontrolada, corrupção, desorganização generalizada nos ministérios e tudo o mais.

Talvez Jânio tivesse se inspirado – e pretendesse ir muito além, em termos de repercussão internacional – no discurso sobre o "estado da União", pronunciado, havia pouco tempo, pelo também recém-eleito presidente norte-americano, o democrata John F. Kennedy, que surpreendeu o mundo ao espinafrar seu antecessor republicano, presidente Dwight Eisenhower, herói nacional, comandante das tropas aliadas na invasão da Europa e na derrota final imposta ao Eixo – o popular Ike, do irresistível *slogan* "I like Ike". Juscelino ficou acabrunhado ante a perspectiva de ser inteiramente desmoralizado, de corpo presente, ante uma quantidade imensa de jornalistas, do Brasil e do mundo inteiro. Pensou em não comparecer à transmissão da faixa para seu destemperado sucessor. Mas logo desistiu da idéia, pois não era homem de fugir de situações – e durante toda sua vida pública fez ecoar a frase que se tornara antológica: "Deus poupou-me do sentimento do medo". Então, ele teria que encontrar uma outra solução.

Mas qual? Que argumentos um recém-eleito presidente da República, em estado de graça e glória, com discursos em praça pública que faziam o povão vibrar, chorar e tremer de emoção, haveria de aceitar, para não deixar seu adversário antecessor em situação de colossal e irremediável constrangimento? Juscelino pensou, pensou, passou a noite sem dormir, refletindo. Não consultou ninguém, pois sabia que qualquer opinião de terceiros poderia mais atrapalhar do que ajudar na solução de seu drama. Até que chegou ao seguinte raciocínio: Perante o País e o mundo, seria muito pior – e teria bem maior repercussão – a desmoralização de um presidente que vai governar, do que a de um que já governou. Então, decidiu: Se Jânio Quadros lhe esculhambasse a queima roupa, na passagem da faixa presidencial, simplesmente lhe desferiria um soco no rosto. Certamente o escândalo seria estampado em todas as primeiras páginas dos jornais do mundo – e, dificilmente, Jânio escaparia do epíteto: "o presidente que apanhou na posse".

Tomada a decisão, Juscelino fez vazar para Jânio suas intenções (quem sabe inspiradas em algum bom faroeste assistido na ocasião). E o resultado foi que os dois discursos, tanto o de Jânio quanto o de Juscelino, acabaram sendo elaborados a quatro mãos (e negociados linha a linha), pelos assessores de maior confiança dos dois presidentes – Oscar Pedroso Horta, de Jânio, e Augusto Frederico Schmidt, de Juscelino. Sem tocar em inflação, corrupção ou desorganização, ao receber a faixa Jânio homenageou o grande espírito democrático de seu antecessor.

Tem-se cometido uma certa injustiça com o último general-presidente do regime militar, João Baptista Figueiredo, ao se repetir sempre que ele fugiu pela porta dos fundos do Planalto, para não passar a faixa para seu sucessor. Apesar de preferir cheiro de cavalo ao de povo, dar bananas por aí e pedir para que o esquecessem, o general não era um medroso, incapaz de enfrentar situação vexamosa. O problema é que ele estava inteiramente convencido, em sua teimosia subjurídica, da interpretação que alguns constitucionalistas palacianos davam à sucessão de presidente eleito e ainda não empossado. Para ele, com a morte de Tancredo, antes da posse, deveria assumir a presidência da República o presidente da Câmara dos Deputados, Ulysses Guimarães, com a incumbência de convocar novas eleições presidenciais. É claro que ele teria preferido sair pela porta da frente ou descer a rampa do Planalto, se não fizesse questão absoluta de ser esquecido. De qualquer forma, o elevador de serviço planaltino talvez tenha poupado o povo brasileiro, naquela ocasião, de receber mais uma banana presidencial. E é bom lembrar que nem sempre o empertigamento pseudo-altivo – como o de Collor, ao assinar o recibo da comunicação de seu *impeachment*, olhar para o relógio e anotar com precisão o horário de seu afastamento (para quê?) – significa uma reverência à majestade do cargo presidencial, por quem deixou de respeitá-lo, com determinados comportamentos.

Tudo indica que a transmissão de faixa FHC-Lula será uma das mais tranqüilas, festivas e entusiasmadas, de todas as que já ocorreram em nossa República. Pode ser até que Fernando Henrique Cardoso – talvez um dos poucos estadistas que tenham conseguido transformar uma robusta derrota numa charmosa reconquista de espaço público-político – mereça de seu sucessor, na passagem da faixa, elogios que o deixariam (o sucessor) com os olhos marejados. No entanto, já existem sinais bem claros de que a lua-de-mel transitória cede lugar à necessidade de explicar ao eleitorado por que não será possível realizar – pelo menos em tempo previsível – as grandes mudanças prometidas durante a campanha. As declarações dos líderes petistas João Paulo Cunha (SP) e Walter Pinheiro (BA), no programa *Bom Dia Brasil* da TV Globo, de quarta-feira, nas quais prometeram "mostrar à sociedade brasileira qual o verdadeiro quadro que foi entregue ao governo do PT" – com referências à "casa mal pintada", "unhas escondidas" e coisas "graves" que tais – já mostram qual será o modo de o governo Lula enfrentar, de imediato, a enxurrada de cobranças mudancistas: Será a exposição, impactante, da "situação calamitosa" em que o governo FHC deixou o País.

Resta esperar, então, que na transmissão da faixa Lula não tenha idéias de Jânio – para que FHC não reaja com idéias de Juscelino...

OS *SPREADADORES* DO BRASIL – I

Eles ganham muito mais do que os narcotraficantes – pois nem estes conseguem dobrar seus negócios a cada três anos, com média de lucro líquido anual em torno de 40%, enquanto no resto do mundo ela não ultrapassa os 25% brutos. Eles têm um negócio em que a remuneração do risco que correm, seus custos administrativos, seus impostos devidos e seu lucro exorbitante são inteiramente cobertos pelos parceiros com os quais negociam, por meio dos famigerados *spreads*, e dos contratos absolutamente leoninos, com garantias que se sobrepõem às de quaisquer outros tipos de credores, além da exclusiva garantia difamatória, contra o devedor inadimplente, propiciada por uma tenebrosa instituição chamada Serasa. Eles ganham muito, ganham sempre, em qualquer conjuntura econômica interna ou externa, com ou sem inflação, no desenvolvimento ou na recessão, estejam os que estiverem no poder. Eles passam por cima da hierarquia das leis, fazem com que resoluções administrativas revoguem legislação ordinária e complementar, têm seus interesses totalmente resguardados de todas as crises, não são cobrados nunca – ou o são parcamente – pela classe política, pela mídia, pelos sindicatos, pelas ONGs e pelos governos. É claro que o leitor já percebeu que aqui estou falando dos bancos – os grandes *spreadadores* do Brasil. São eles que, com sua voracidade incontrolável e seu excesso de autoproteção, tornam a sociedade produtiva brasileira de todo autodesprotegida, com a sensação de quem joga sempre com detentores de cartas marcadas. São eles os que mais contribuem para o desestímulo, para a demolição da auto-estima empreendedora nacional.

O que parece mais incrível é ninguém ter-se mostrado, até agora, suficientemente estarrecido e escandalizado, ante o fato de a taxa básica de juros, a Selic*, ter caído 40% desde junho do ano passado, enquanto as taxas finais – pagas pelos cidadãos aos bancos – tiveram redução média de apenas 13,5%, nesse mesmo período. Ora, por que raios com uma Selic de 16% ao ano o depenado cidadão brasileiro continua pagando os juros siderais, pornográficos, jamais pagos em qualquer outro lugar do mundo, de 107,2% no comércio e 176,2% no cheque especial? Aliás, por sua letalidade econômica, para o consumidor, a propaganda dos cheques especiais (e outros créditos apetitosos oferecidos pelas instituições financeiras) nos veículos de comunicação deveria conter, pelo menos, advertências compulsórias semelhantes às que o Ministério da Saúde impõe à propaganda de cigarro.

Os que incensaram a nova Lei de Falências, cujo nobre objetivo era o de propiciar a recuperação judicial de empresas em dificuldades, tendo em vista manter sua capacidade produtiva, preservar os empregos por elas gerados e criar condições para um justo ressarcimento de seus credores, pouco se deram conta de que, na verdade, o que se fez foi um escandaloso fortalecimento do poder *spreadató-*

---

*. Sistema Especial de Liquidação e Custódia.

rio dos bancos, isentando-os por inteiro do esforço para a recuperação de uma empresa, no qual todos os demais credores desta se engajam. Permitindo a excussão das garantias, com a retomada dos bens, nos contratos de arrendamento mercantil (*leasing*) e nos financiamentos com alienação fiduciária (em que o bem financiado é dado como garantia), o artigo 49, parágrafo 3º, do Substitutivo aprovado no Senado exclui as instituições financeiras do plano de recuperação do devedor. E este fica sem condições de negociar com os bancos novos prazos e/ou condições de pagamento, já que, por ocasião da aprovação do projeto na Câmara dos Deputados, fora suprimido (na última hora, por pressão adivinhem de quem?) o período final do dispositivo que dizia: "podendo ainda o plano de recuperação judicial prever outras condições de cumprimento do contrato, na forma do art. 50,I" (supressão essa mantida no Senado, que apenas concedeu o "alívio" da carência de 180 dias antes de os bancos se apossarem dos equipamentos, máquinas e demais bens dos inadimplentes em processo de recuperação). Quer dizer, salvado de imediato o que é dos bancos (dispensados de participação da Assembléia de Credores, pelo art. 39, parágrafo 1º, que os demais credores se entendam com o devedor, para recuperá-lo – esta é a *mens legis* da decantada Nova Lei de Falências.

Inúmeras têm sido as ilegalidades perpetradas pelo sistema financeiro nacional no âmbito do Sistema Financeiro da Habitação (SFH). Criado por uma lei (4.380/64) materialmente complementar à Constituição Federal (e assim considerada por vasta jurisprudência) o SFH foi concebido para estabelecer uma fonte barata de dinheiro para a produção e o mercado imobiliários, por meio da Caderneta de Poupança e do FGTS*. A partir de sucessivas distorções, em que a lei complementar foi sendo alterada, irregularmente, por leis ordinárias e resoluções do CMN**, via Ban-

---

*.   Fundo de Garantia por Tempo de Serviço.
**. Conselho Monetário Nacional.

co Central, o sistema foi se tornando asfixiado, no decorrer do tempo, pelo astronômico desvirtuamento de finalidade de cerca de R$ 70 bilhões. Foi distorcido o pretendido equilíbrio econômico entre ganhos profissionais e empresariais e a evolução dos valores das prestações. Os bancos encontraram uma "flexibilização" – sem respaldo constitucional – que lhes permite uma "faixa livre de aplicação", que os leva, por exemplo, a aplicar dinheiro da poupança em cheque especial a mais de 10% ao mês, em lugar de financiar casa própria. Os bancos infringem a regra de corrigir, monetariamente, o saldo devedor do mutuário, somente depois de abatida a prestação do mês que ele pagou. E usando a Taxa Referencial de Juros (TR) que é uma taxa de remuneração de capital e não "índice de variação do poder aquisitivo da moeda", para a correção monetária em financiamentos imobiliários, os bancos descumprem, literalmente, a lei, como atestam inúmeras sentenças de tribunais do País. E dessa maneira têm gerado multidões de famílias inadimplentes, que sucumbem ante juros impagáveis e cobranças excessivas, que acabam tornando suas casas próprias, de orgulhosamente sonhadas, em humilhantemente leiloadas.

E o direito de os consumidores contestarem, judicialmente, os juros bancários? Bem, isso é legitimo, só que aumentará o *spread* – dirão, cinicamente, os *spreadadores* do Brasil, sempre donos do primeiro ganho e da última palavra...

OS *SPREADADORES* DO BRASIL – II

É um verdadeiro mistério a deferência quase sagrada que se faz aos bancos em nosso País. Alguém já ouviu falar em "instituições têxteis", "instituições siderúrgicas", "instituições automobilísticas", "instituições imobiliárias", "instituições eletroeletrônicas", "instituições alimentícias" ou "instituições agropecuárias"? Jamais. Mas "instituições financeiras" é a expressão que todos usam para designar os bancos. Instituição é um conceito elevado, nobre, de organização – e deveria referir-se apenas às de cunho educacional, cultural, social, afora os organismos ligados aos Poderes de Estado, – as instituições públicas. Considerando que os bancos são hoje, no Brasil o tipo de negócio que, de longe, mais lesa direitos dos cidadãos, tanto que corre em juízo a enormidade de seiscentas mil ações contra eles, questionando contratos absurdamente leoninos, garantias despropositais, cobranças descabidas, cadastro difamatório do tipo Serasa e outras cabeludas ilegalidades – o que, aliás, está

133

assustando o novo presidente do Supremo Tribunal Federal, ministro Nelson Jobim, pelo que acarretam de sobrecarga ao Poder Judiciário –, não seria o caso de, pelo menos, dessacralizá-los, chamando-os de empresas, organizações, sociedades financeiras ou quaisquer coisas que o valham, sem a aura "institucional", que, eticamente, os bancos estão longe de merecer?

Talvez seja para alimentar essa sacralização que alguns bancos já edificaram, nas cidades mais ricas do Brasil, verdadeiros templos (contrastando com as pequenas e modestas agências bancárias dos países de primeiro mundo), onde os fiéis se submetem à medieval flagelação do cheque especial e do contrato de empréstimo megaleonino, fora outras, para expiar seu pecado capital de estouro do limite de crédito – imperdoável, é verdade, mas já com a penitência embutida no *spread*.

Ninguém parece ter prestado muita atenção em um fenômeno de *marketing*, realmente, fantástico. O *Estado* publicou, a lista "100 Top Global Brands" – da consultoria inglesa de marcas Interbrand, em parceria com a revista norte-americana *Business Week* –, que é a relação das marcas mais valiosas do mundo, sendo a primeira a Coca-Cola, a segunda a Microsoft, a terceira a IBM etc., não estando entre as dez primeiras qualquer banco. Mas entre as dez marcas mais valiosas do Brasil, a lista aponta nada menos do que cinco bancos! Quer dizer, com todo o parque industrial brasileiro, com toda a criatividade que tem levado nosso País a destacar-se em inúmeros gêneros de produção de manufaturas, de sistemas de comercialização e de serviços, metade das dez marcas mais valiosas no Brasil são aquelas que produzem... o quê mesmo?

Houve tempo em que o empresário Antônio Ermírio de Moraes dizia que acabaríamos comendo sanduíches de ORTN*. Mas hoje em dia parece não haver mais empresário que ouse dizer que a sociedade brasileira acabará só tendo

---

*. Obrigação Reajustável do Tesouro Nacional.

para comer pizzas de *spread* – já que há tantos pizzaiolos da indústria e do comércio que preferem muito mais o lucro financeiro ao operacional. Às vezes até uns e outros esboçam discreta reação, como ocorreu há poucos dias, quando se anunciou que "o setor produtivo pára de atacar a Selic e declara guerra às taxas cobradas pelos bancos". O presidente da Fiesp* chegou a dizer que "não há espaço para redução da Selic, é hora de mudar o foco para o *spread*" – levando em conta que, embora a taxa básica de juros tenha caído 40% nos últimos doze meses, o *spread* só caiu 13,5% no mesmo período. Mas as *expressões* (do tipo "precisamos resolver o problema do *spread*") jamais se transformam em *pressões*, de fato. Parece existir um acovardamento geral, semelhante ao das famílias do alto sertão nordestino, na primeira metade do século passado, quando recebiam a visita dos capitães Virgulino ou Corisco e se desdobravam em mesuras e rapapés (eles são perigosos, mas nem tanto assim, gente!).

Ninguém parece ter se chocado com as acintosas "advertências" feitas pela Federação Brasileira das Associações de Bancos (Febraban) no sentido de que uma "onda de processos judiciais ameaça encarecer e tornar escasso justamente o crédito ao consumidor mais barato do Brasil, o financiamento de veículo" (*Estado*). Em outras palavras, a ameaça é a seguinte: Se você, que se sentiu lesado por alguma irregularidade praticada pela "instituição" que lhe financiou um carro, recorrer à Justiça para fazer valer seus direitos, será castigado por um *spread* maior, quando pretender adquirir outro carro! Isso significa, no fundo, que os cidadãos têm que pagar aos bancos um *plus,* quando pretendem exercer sua cidadania. Então – eis o subtexto da mensagem – o melhor (quer dizer, mais barato) é submeter-se, docilmente, aos que descumprem as leis e lesam os direitos alheios. Qual a reação da OAB, entidade tão zelosa na defesa das prerrogativas dos profissionais do Direito, ante tal despropósito? Nenhuma.

*. Federação das Indústrias do Estado de São Paulo.

Foi com o advento do Plano Real, que quase acabou com a inflação no Brasil, que os bancos passaram a exacerbar suas cobranças de tarifas por "serviços". Se já era escandaloso o fato de os negócios financeiros terem por fulcro maior de sua rentabilidade o flagelo social da inflação, mais acintoso passou a ser o volume de "serviços" cobrados e, de resto, tudo o que se inseriu na conta do freguês: o risco de o freguês não pagar o banco com a presteza e pontualidade que o banco deseja, o risco de os administradores do banco administrarem mal o banco, o risco de os donos do banco não obterem dele toda a fantástica lucratividade que sua ganância ambiciona. Neste sentido, o *spread* tornou-se o maior símbolo, no País, do negócio sem riscos (apenas para uma parte), da ganância argentária, da locupletação e, sobretudo, do desrespeito sistemático aos direitos do cidadão.

ADAPTEMO-NOS

Adaptemo-nos à lógica do dito pelo não dito. Afinal de contas, se uma coisa é dita para ganhar as eleições, é claro que essa coisa nem sempre serve para governar – e sabedoria política consiste em entender que uma coisa é uma coisa e outra coisa é outra coisa. Uma coisa, por exemplo, é lutar contra a tentativa de amordaçar o Ministério Público e a imprensa, que têm a plena liberdade de atuação garantida pela Constituição. Outra coisa, bem diferente, é defender essa liberdade, quando ela se torna extremamente inconveniente para a estabilidade governamental – o que explica a radical mudança de posição do atual chefe de Governo, o ministro da Casa Civil, que antes execrava e agora louva o projeto da "lei da mordaça". (À propósito, adaptemo-nos à idéia de usar bastante a palavra "coisa", como faz o chefe de Estado – o presidente da República – em seus improvisos, pois isso dispensa os maçantes detalhes técnicos de qualquer assunto).

Adaptemo-nos à sofreguidão dos que chegaram ao poder com – compreensível – muita sede ao pote, depois de muito sacrifício pessoal – inclusive quanto ao pagamento do pesado dízimo partidário – e por isso estão dispostos a dar sua duradoura contribuição para a felicidade do País, mesmo que isso implique em algum sacrifício temporário de sua população. Afinal de contas, se no México um partido ficou 72 anos no poder, por que no Brasil um grupo que se preparou tanto para nele chegar, não merece nele permanecer, pelo menos, digamos, até o dia em que São Paulo completar 500 anos? Adaptemos-nos, então, ao preenchimento partidário de toda a máquina pública, mesmo em desobediência a critérios técnicos – o chamado "aparelhamento" –, até porque ciência e tecnologia não são coisas imutáveis e administração pública não é coisa, assim, de ciência exata.

Adaptemo-nos à contratação de três mil cargos de confiança – pois o que o Brasil mais precisa, realmente, é de uma carga pesada de confiança – e dos 41 mil novos funcionários públicos federais que serão nomeados, o que não só reduzirá os índices de desemprego do País, mas fará dezenas de milhares de famílias voltarem a sonhar com o que já estavam correndo o risco de perder: A esperança na segurança de um bom emprego público.

Adaptemo-nos ao volume assombroso da propaganda oficial. Pensemos em quantos profissionais necessitados e em quantos veículos de comunicação em crise poderão ser beneficiados pela enxurrada de anúncios dando conta de que o governo "vai fazer tudo o que estiver a seu alcance". Pois mesmo que esse "tudo" não signifique quase nada, estará sendo passada para a coletividade, dentro da mais madura pedagogia – a que tem por norma comunicar apenas a verdade – uma noção das verdadeiras limitações do Poder Público, que só "pode tudo" na crendice popular.

Adaptemo-nos, então, a um discurso como o que fez o chefe de Estado ao visitar as vítimas das enchentes de Teresina, dizendo "vocês são vítimas do descaso que o poder público historicamente tem com o povo pobre", no que repetiu, exatamente, o que já dissera ao visitar, há um ano, as vítimas das enchentes de Petrópolis – o que revela tanto coerência de percepção quanto memória histórica (pelo menos recente), assim como um saudável *savoir-faire,* demonstrado, por exemplo, quando observou aos moradores da alagada Vila Mocambinho: "Na verdade, vocês estão morando dentro de uma piscina".

Adaptemo-nos aos esforços pela elevação do prestígio – interno e externo – de nossos Poderes de Estado, o que se manifesta, por exemplo, tanto na substituição do obsoleto "Sucatão" por um novo e poderosíssimo avião presidencial de US$ 56,7 milhões, quanto, no âmbito do Legislativo, na licitação que o presidente da Câmara dos Deputados estaria abrindo, para contratar serviços de engraxataria no prédio, num valor total de R$ 3.135 milhões, por doze meses. Afinal de contas, não valerá a pena o contribuinte pagar só R$ 261 mil por mês, ou R$ 8,7 mil por dia, para nossos ilustres legisladores exibirem seus passos brilhantes, aqui e no exterior? E o que são o custo de um avião e o de uma graxa de sapatos, em cotejo com a imagem de pujança de uma Democracia?

Adaptemo-nos, no âmbito municipal, à progressividade do IPTU[*] além da inflação acumulada no período, à taxa de Lixo, à taxa de Iluminação, à taxa de Fiscalização de Anúncios, à taxa de Fiscalização de Estabelecimentos, ao incremento do ISS[**], ao aumento da tarifa de ônibus, ao aumento do talão Zona Azul, à taxa para os caminhões entrarem no Centro, à taxa de "elevador", à taxa dos "corredores" – permissão onerosa para o funcionamento de estabelecimentos irregulares –, e a tantas outras taxas que já existam ou venham a existir. Pois, afinal de contas, com esses recursos adicionais talvez a Prefeitura venha a ter condições de oferecer o primeiro leito hospitalar da atual ges-

[*]. Imposto Predial e Territorial Urbano.
[**]. Imposto Sobre Serviços.

tão, ou de combater as enchentes, ou de reverter a redução que fez, de 30% para 25%, nos gastos com educação, ou de abolir a prática de subsídios aos transportes, ou de tomar outras providências que, com certeza, haverão de melhorar muito as condições de vida desta Cidade, afora o belo olho do (artista) francês, com que ela já foi presenteada.

Muito bem. Mas como haveremos de nos adaptar a tudo isso?

Ora, ora...

GOVERNO FANTOCHE DE ONGS E *LOBBIES*

Muitos podem achar que o Brasil está como está –
com desemprego galopante, estagnação econômica persistente, incoerência política estonteante e paralisia administrativa deprimente – porque não há projeto de
governo, não há eficiência de gestão, não há tempestivi-
dade de decisões, não há unidade de comando, não há
entrosamento entre áreas de atuação ministerial, não
há articulação política conseqüente, não há obediência a
padrões razoáveis de racionalidade administrativa, não há
resistência ao fisiologismo, não há estímulo ao esforço
produtivo, não há proteção aos ameaçados pelos que des-
respeitam a lei, não há preferência pelo conhecimento
técnico em áreas vitais, não há recusa de influência política
em contratações essenciais, não há rigor ético nem isenção
nos processos de licitação pública, não há contenção para
os que se sentem lambuzados pelo mel do Poder, assim
como não há muitas outras coisinhas mais. Os que acham

tudo isso podem estar redondamente certos. Mas o buraco é mais embaixo.

O que está acontecendo no Brasil, na verdade, é uma substituição da Democracia Representativa – e Participativa, como gostava de acrescentar o saudosíssimo André Franco Montoro – por uma República Corporativista controlada por ONGs e lobbies, na qual o cidadão comum passou a ser inteiramente destituído de representatividade. E o que são essas monstrONGs de mil cabeças, que ocupam todos os espaços sociopolítico-administrativos do País, que ditam regras aos Poderes Públicos – e não sabendo ensinar a seus agentes lhes fazem as vezes, como os pais que deseducam os filhos ao substituí-los em suas próprias tarefas? Quem deu representatividade pública a seus militantes, a ponto de lhes conceder poder de controle sobre a maioria dos ministérios e respectivos escalões? Quem lhes outorgou o poder – muito mais forte do que o dos partidos que integram a base de apoio parlamentar do governo – de indicar ministros ou de blindá-los contra eventuais processos de fritura?

Consideremos agora: Todas as instâncias governamentais, todas as instituições públicas oficiais, todas as repartições dos Poderes de Estado, todas as autarquias e pessoas jurídicas de direito público estão sujeitas à fiscalização, controle e cobrança – sejam dos Tribunais de Contas, do Ministério Público ou, em última instância, do próprio eleitorado. Por sua vez, todas as empresas e instituições privadas estão sujeitas à fiscalização e controle de uma grande penca de órgãos públicos, assim como dos consumidores e usuários, diretamente ou por meio de seus órgãos de defesa, do tipo Procon*. Mas quem é que exerce a fiscalização, o controle e a cobrança das ONGs – que se permitem cobrar tudo de todos?

Tomemos, por exemplo, a atividade das ONGs ambientalistas estrangeiras instaladas na região amazônica. Recen-

---

*. Procuradoria de Proteção e Defesa do Consumidor.

temente elas passaram informação à revista inglesa *The Economist* – prontamente desmentida pelo ex-ministro da Agricultura e atual presidente da Associação Brasileira das Indústrias de Exportação de Carnes, Marcus Vinicius Pratini de Moraes, mas não pelo governo, que permaneceu bem quietinho –, segundo a qual o gado e a soja estariam "comendo" a floresta amazônica, pelo que se sugeria que os países ricos evitassem importar esses produtos brasileiros. "Há um desconhecimento absurdo entre a Amazônia legal, que engloba Estados produtores de carne e soja, como o Mato Grosso, e a floresta amazônica, onde não há possibilidade de produção e escoamento de soja e gado", esclareceu Pratini, aduzindo: "O agronegócio brasileiro hoje cultiva uma área de 200 milhões de hectares e dispõe de outros 100 milhões de hectares para uso, sem que seja necessário tocar um dedo na Amazônia". Que ONGs foram cobradas por esse grande desserviço desinformativo prestado à atividade produtiva e à Economia brasileira?

Sabe-se muito bem que por trás de todos os conflitos demarcatórios das reservas indígenas estão essas ONGs. Na estrada que liga "Roraima ao Brasil" (já que quase metade daquele Estado é território pertencente a nações indígenas), a rodovia Boa Vista – Manaus, há um trecho de aproximadamente duzentos quilômetros, que passa pela reserva indígena Waimiri-Atroari, onde só é possível transitar das seis da manhã às seis da tarde, porque nas outras doze horas a rodovia é fechada pelos índios – com a devida autorização da Funai[*] – para não serem incomodados. Mas na prática o acesso é livre a americanos, europeus e japoneses, assim como ocorre em grande parte do território indígena roraimense, onde o acesso (de brasileiros) depende da burocracia de autorização da Funai. Em muitas reservas os índios falam a língua nativa e inglês ou francês – sendo que a maioria não fala português – e já se vêem bandeiras americanas ou inglesas hasteadas em sua entrada. Não é sem

[*]. Fundação Nacional do Índio.

razão, pois, que políticos de alta credibilidade, como o senador pedetista Jefferson Perez, afirmam que as ONGs já estão realizando a decantada "internacionalização" da Amazônia.

Mas contracenando com as inúmeras ONGs, que ocupam o cenário público-político brasileiro e transformam o governo numa espécie de teatro de fantoches, estão os inúmeros *lobbies*, que transacionam com os Poderes de Estado – especialmente o Legislativo –, como se participassem de um permanente leilão (em alguns casos feira livre), em que vão fazendo seus lances, especialmente junto às Comissões e relatorias, para a introdução ou supressão de cada parágrafo, cada inciso ou cada item de projeto de lei – muitas vezes no último momento e ao final das sessões, quando as atenções já estão devidamente dispersas – em seu exclusivo interesse, à absoluta revelia do cidadão-eleitor e em confronto direto com o interesse público maior.

É claro que ao cidadão comum, que assiste a essa cena estranha, protagonizada por nada que diga respeito à opção político-eleitoral (e ética) que manifestou há um ano e um terço nas urnas, só resta ir treinando a capacidade político-pulmonar de expressar sua sonora, altissonante, estentórica, estridente e estrepitosa vaia cívica, que ecoará nas próximas urnas – sem dúvida.

PLANALTO JULGA LIDAR COM 300 PICARETAS

A qualificação do intermediário que se escolhe para negociar com alguém está na dependência estrita do juízo que se faz daquele com quem se pretende negociar. Isso vale para instituições e Poderes. Como regra absolutamente geral, os governantes da República têm escolhido, para lidar com o Parlamento, ex-parlamentares ou pessoas com vasta experiência nos trâmites legislativos – o que seria uma exigência preliminar para o desempenho da função –, com bom trânsito entre os partidos políticos e suas respectivas lideranças, com bom conhecimento dos meandros da Administração Pública, em nome da qual fala aos congressistas e, acima de tudo, com uma imagem de idoneidade indispensável a quem representa um poder, junto a outro.

Quem foi escolhido para fazer a intermediação entre o governo Lula e os membros do Poder Legislativo, na qualidade de subchefe da Casa Civil para Assuntos Parlamentares? Foi alguém com experiência (desde os quinze anos de idade) em jogos de azar, em intermediação de negócios envolvendo o pano verde – e em condições especiais, pois, de exercer uma função de mala preta. Diante da enormidade da falta de respeito, para com o Congresso Nacional, que significou essa intermediação, tornam-se até irrelevantes as especulações sobre até que ponto o ministro Chefe da Casa Civil, tinha pleno conhecimento das extorsões e falcatruas praticadas pelo seu subchefe.

Não é a reputação do ministro José Dirceu o que há de mais importante em jogo. É a reputação de cada um dos membros das Casas Legislativas federais, especialmente a daqueles que tiveram algum contato – pessoal, telefônico, epistolar, individual ou grupal, direto ou indireto – com o ex-subchefe da Casa Civil Para Assuntos Parlamentares. É a reputação de todos aqueles que foram "convencidos" – depois de alguma "hesitação" – a votar com o governo, ou a trocar seu partido por uma legenda do bloco de sustentação ao governo (conforme a grave denúncia feita pelo senador Bornhausen em artigo na *Folha),* ou tiveram suas emendas emplacadas no Orçamento, ou conseguiram nomear cupinchas em cargos públicos federais, ou lograram passar pela barreira em torno do chefe de governo de fato para obter este ou aquele contrato, este ou aquele favor, graças a uma conversa com o influente subchefe da Casa Civil.

Então, não se trata apenas de elucidar suspeitas sobre um poderoso ministro que colocou um escroque, seu amigo de quatorze anos – com quem já morou – para lidar com o Parlamento em nome do Planalto, mas sim uma questão de decoro, de máximo interesse para o próprio Poder Legislativo. Daí a necessidade inegociável de se usar o mais amplo e complexo instrumento legal de investigação vigente no País – a CPI – para se avaliar, em toda a profundidade e extensão, o comprometimento ou a isenção, a culpa ou a inocência, de figuras públicas pertencentes a dois Poderes de Estado, para que a imagem destes fique preservada de generalizadas suspeitas – as quais, ao perdurarem, trariam péssimas conseqüências para a cidadania, para a economia e para a democracia brasileira. Por isso tanto a CPI dos Bingos quanto a do Waldomiro são indispensáveis (as duas não se substituem, se complementam) e o Poder Legislativo não pode delegar a outro – ao Executivo, à Polícia Federal, ao Ministério Público e à própria Justiça – uma responsabilidade que, antes de ser de todos eles, é sua.

Até hoje Luiz Inácio Lula da Silva não desmentiu a referência que fez aos trezentos picaretas do Legislativo federal. De lá para cá, a composição partidária do Congresso Nacional mudou, quem era oposição virou situação – e só não se pode falar em vice-versa porque boa parte de quem era situação continuou. Por que Lula fez aquela qualificação tão depreciativa dos representantes do povo? Foi, precisamente, pelas barganhas que estes faziam com o Planalto, pela troca de favores por votos nas seções deliberativas, pela espúria obtenção (em troca de adesão ao governo) de nomeações de apaniguados e cupinchas para cargos de confiança nos Ministérios, pelo troca-troca partidário calçado em benesses planaltinas, mesmo passando por cima dos mais elementares princípios doutrinários, ideológicos ou morais, e muitas coisas cabeludas mais, inclusive o abafamento dos escândalos de corrupção pela via das manobras regimentais. A esse respeito, aliás, o artigo do então presidente do PT, José Dirceu (escrito em 2000 e reproduzido ontem neste jornal) afirmando que "a CPI tem poderes que desvendam a corrupção, prova e aponta os responsáveis, daí o temor do governo", é de uma propriedade argumentativa que só pode ser contestada, hoje, por quem não tenha um mínimo de compostura (para não dizer vergonha na cara).

Quando Waldomiro Diniz, com todo seu prontuário profissional – sobejamente conhecido, sobretudo por quem privava com sua amizade e possuía vasta experiência em disfarces de identidade, até perante familiares –, foi escolhido para negociar com o Parlamento, demonstrado ficou que o Planalto julgou lidar com os trezentos picaretas a que se referia Lula. Agora, se compactuar com a abjeta manobra regimental, de sonegar a participação dos parti-

147

dos que apóiam o governo na composição de uma CPI apoiada por mais de 80% da população brasileira (segundo o Datafolha), dentro do objetivo de impedir sua instalação, nosso Legislativo estará passando um recibo de suas três centenas de picaretas – e confirmando a precisão do apodo que Lula, há tempos, lhe impingira.

COMO AJUDAR LULA A CONCLUIR O MANDATO

Antes das últimas eleições, escrevi nesta página quatro artigos com o título "Exigir Preparo não é Preconceito" (I,II,III e IV*) e outros em que expunha, com todo o respeito pelas qualidades morais e humanas do grande líder sindical Luiz Inácio Lula da Silva, primeiro, sua falta de qualificação cognoscitiva e administrativa para tornar-se chefe de Estado e governo do Brasil; segundo, a circunstância de tais limitações não terem absolutamente nada que ver com sua origem humilde, visto que inúmeros homens públicos de origem semelhante, graças ao esforço pessoal insubstituível da aprendizagem, cresceram muito intelectualmente – e se tivesse aprendido a gostar de estudar, de ler e de administrar, duas décadas de vida pública seria tempo mais do que suficiente para Lula adquirir sólidos conhecimentos, além de indispensável adestramento na complexa arte de decidir;

---

*. Ver pp. 105-120.

terceiro, o fato de ter sido o PT, e não o próprio Lula, o responsável pela sua falta de experiência administrativa, pois quando pretendeu candidatar-se a prefeito de São Bernardo o partido não o deixou (segundo Lula me confessou, depois de um programa de entrevista na televisão, em que deixara de responder, no ar, a uma pergunta que lhe fizera sobre isso), o que me levou à conclusão (exposta no artigo "O Tapete Mágico"*) de que aos próceres petistas não interessava prepará-lo para o Poder, mas sim usar seu carisma (para chegarem ao Poder), como se se tratasse de um tapete mágico.

Pois bem. Já escoados 33% do governo Lula e estando a situação que aí está, hoje talvez me fosse fácil escrever um artigo com o título: "Exigir Preparo não Era Preconceito". Mas e daí? Lula foi democraticamente eleito, com preparo ou sem preparo é nosso legítimo e incontestável chefe de Estado e governo. E é inadmissível pensar-se em sua substituição antes de concluído o mandato que o povo brasileiro lhe concedeu, em urnas livres. Mesmo que haja vozes lucidamente preocupantes, como a do economista e professor da Universidade Federal do Rio de Janeiro (UFRJ), Fernando José Cardim, que em entrevista à *Folha* afirmou que Lula pode acabar como De la Rua, "que se mostrou incapaz de dizer para onde ia" e que o governo Lula "não tem projetos nem de curto nem de longo prazo" e se comporta como um árbitro, quando deveria ser um líder "que tem que dizer para onde a gente vai" (e ele sabe?), nossa Democracia é sagrada. Sendo assim, no momento em que vai se tornando cada vez mais claro que Lula não tem – e nunca teve – a menor idéia de como se governa, o que nos resta é desenvolver um esforço sincero, patriótico, para fazer com que o Brasil seja governado, apesar de tudo, até o presidente concluir seu mandato.

Em vista disso, ocorreu-me sugerir à classe política, aos partidos – os de oposição real e os de oposição governa-

---

*. Ver pp. 101-104.

mental, visto que os de situação não existem –, às autoridades de todas as esferas, às entidades empresariais e trabalhistas, aos sindicalistas, cientistas, analistas, economistas, juristas, jornalistas, artistas, ruralistas, emessetistas, fundamentalistas e demais cidadãos, em geral, a observância de dez singelas regras de comportamento, convivência e temperança, em benefício, sobretudo, da preservação institucional de nossa sagrada Democracia:

1) Não mais tocar, nem de leve, no caso Waldomiro, e prestigiar ao máximo o "capitão do time" José Dirceu, o único capaz de governar um país que tem Lula presidente.

2) Não criticar mas, ao contrário, estimular ao máximo as viagens internacionais do presidente – enquanto no Planalto se tenta um governo colegiado, ministerial, com um mínimo de consenso e um máximo de discrição.

3) Nas cerimônias e eventos a que compareça o chefe de Estado e governo, não lhe oferecer bonés, nem bebidas, e procurar convencê-lo de que seu precioso tempo exige um discurso curto e previamente escrito.

4) Não desrespeitar a autoridade do presidente da República, fazendo-lhe perguntas embaraçosas – cuja resposta exija alguma noção de fatos históricos, acidentes geográficos, teses científicas ou dados culturais.

5) Parar com a transmissão compulsiva de piadas, via internet, que tenham como protagonista o chefe de Estado e governo.

6) Evitar assistir programas de humor cáustico, do tipo *Casseta e Planeta*, que podem nos transmitir mensagens não enaltecedoras do simbolismo majestático da Presidência.

7) Ler pouco páginas de opinião crítica nos jornais – como esta – que, de alguma forma, possam refletir uma certa falta de otimismo em relação ao governo.

8) Não dar destaque algum a frases presidenciais que possam soar um tanto estranhas, tais como aquela em que o presidente Lula disse que a cidade africana era tão limpa que "nem parecia a África", ou aquela outra em que disse que sua genitora nascera analfabeta (característica de nas-

cimento, aliás, extremamente coincidente com a de Hebe Camargo, como revelou a famosa apresentadora de TV).

9) Incentivar o otimismo e a alegria descontraída da Primeira Família, em seus animados churrascos – se possível, sugerir que sejam regados só a sucos e refrigerantes, com churrasqueiras e espreguiçadeiras coloridas colocadas sobre as estrelas vermelhas do gramado, para disfarçá-las um pouco – e proferir palavras que soem doces para a Primeira Dama, como, por exemplo, as que expressem a constatação de que dona Marisa, se a vemos de longe, está cada vez mais parecida com a prefeita Marta Suplicy (que, por sinal, está belíssima em seu novo penteado).

10) Meditar muito, fazer relaxamentos e orações, cultivar pensamentos positivos e não perder as esperanças, pois, afinal de contas, se já passaram 33%, com só 17% a mais se chega à metade, e passando da metade o tempo passa mais rápido – e logo chega 2006.

A CULPA É DO ANTONIO CANDIDO

A maldosa ingenuidade do repórter Larry Rohter do *The New York Times* foi associar, sem possuir qualquer comprovação de causa e "efeito", o possível aumento de dosagem dos *drinks* do presidente Lula (assunto comentado a boca grande por políticos e ilustrado por freqüentes imagens do presidente "bebemorando", como na Oktoberfest) com a série vexatória das gafes presidenciais, incompreensíveis para observadores do mundo inteiro, que admiram (ou admiravam) a imagem carismática do ex-metalúrgico que virou presidente da República.

Como, em sã consciência, um chefe de Estado e governo, de um país com a importância e as dimensões do Brasil, em visita ao continente africano, berço de uma de nossas principais heranças étnicas, foi capaz de dizer que determinada cidade era tão limpa que "nem parecia a África"? A única explicação possível – pensou Rohter, desenvolvendo então sua leviana "tese" – seria o efeito dos eflúvios etílicos. Este e outros disparates desse porte (deve ter julgado o jornalista, de forma, aí sim, preconceituosa) só podiam ser mesmo coisa de "bebum". E assim pensando, mandou bala em um texto medíocre, mas que lhe valeu um verdadeiro bilhete premiado de sorte grande, em termos de notoriedade internacional.

Afora o fato óbvio de as limitações intelectivas de nosso digno, probo e legítimo presidente da República não terem absolutamente nada que ver com excesso de bebida, mas sim com arraigadas lacunas educacionais e culturais, a reportagem de Rohter era "chinfrim" e especialmente falsa, ao dizer que no Brasil havia "grande preocupação" com relação aos hábitos etílicos do presidente – na verdade, os indicadores menos preocupantes do governo Lula talvez sejam os do bafômetro presidencial. Mesmo assim, a matéria tornou seu autor uma celebridade da imprensa mundial, o que pode lhe propiciar polpudos cachês em palestras sobre a liberdade de imprensa, democracia em países emergentes e temas assemelhados. Se a idéia de sua expulsão foi mesmo, como dizem, do porta-voz presidencial, sem dúvida o colega norte-americano fica a lhe dever essa aleluia.

A máxima reação presidencial que teria merecido aquela reportagem seria algo semelhante à resposta que o presidente Jânio Quadros costumava dar a provocações desse tipo, ao dizer, com o copo em riste: "Bebo porque é líquido; se fosse sólido, comê-lo-ía". Mas a calamitosa decisão de cassar o visto temporário do correspondente e impedi-lo de trabalhar no País (à propósito, que "solução" terá sido ingerida na reunião em que tal solução foi sugerida?) significou para o Brasil do governo Lula pagar um mico maior do que nossa dívida externa. Coisa de República das Bananas, de regimes de sobas do tipo Amin Dada ou Papa Doc, em que a imprensa só tem liberdade se as "otoridades" nativas considerarem "corretos e responsáveis" os textos que os jornalistas (estrangeiros e daí, por que não, nacionais) publicarem. Um prato cheio oferecido ao deboche do Primeiro Mundo, como esse, talvez só encontre precedente na cena de Nikita Krutchev tirando os sapatos e com eles batendo na mesa, em protesto, durante uma reunião na ONU*.

É verdade que a feliz decisão do STJ, garantindo um salvo conduto ao agora famoso jornalista Larry Rohter, melhorou um pouco a imagem do Brasil lá fora – afinal de contas, o Judiciário também é um Poder de Estado que, nesse caso, recusou-se a pagar o mico em "bananas". Mas supor que a medida censória e antidemocrática do governo brasileiro, que recebeu reprovação unânime dos veículos de comunicação de todo o mundo, propiciando matérias ferinas, depreciativas, preconceituosas (agora, sim), de alguma forma poderia ser positiva para nossa imagem externa, ou benéfica para nosso relacionamento com a comunidade internacional, só mesmo com muita criatividade e imaginação, para "fazermos do limão uma limonada", ou melhor, uma caipirinha, que o talento de um gênio da publicidade, como o Duda Mendonça, bem que poderia transformar num produto de exportação de grande sucesso, quem sabe com a marca: "caipirinha Da Silva – Uma expulsão de alegria!"

Mas, infelizmente, a brutal trapalhada governamental que fez um simples artigo de jornal estrangeiro produzir uma absurda crise etílico-censório-diplomático-constitucional, que paralisou os Poderes do País e ocupou os espaços da mídia como se não houvesse coisas mais graves e urgentes a tratar, vem somar-se a inúmeras outras, no momento em que se completa o primeiro terço do mandato presidencial de Lula. Toda a condução da questão revelou, mais uma vez, a descoordenação existente entre os ministérios, a confusão de funções, a falta de unidade de ação partidária e, sobretudo, o saco de gatos em que se transformou um governo no qual todos detectam um vazio de Poder e se adiantam, afoitos, para ocupá-lo, como um magote de tripulantes que, à falta de comando em um barco à deriva, tentam conduzi-lo, cada um a seu modo. Pergunte-se agora: Será Luiz Inácio Lula da Silva o único culpado desse

---

*. Organização das Nações Unidas.

imbróglio? Terá ele a exclusiva responsabilidade por toda essa falta de entrosamento, de mando, de firmeza de condução, de coerência de decisão, de elaboração de um rumo, de capacidade de manter-se nele e liderar as energias coletivas na mesma direção?

Em outras palavras, será o digno, probo e legítimo presidente Luiz Inácio Lula da Silva o único responsável por sua própria falta de preparo? Voltemos vinte e tantos anos no tempo. Todos aqueles mestres, intelectuais que fizeram suas belas carreiras acadêmicas – e tanto produziram para a Cultura brasileira –, e que sempre foram o melhor exemplo vivo do valor do esforço do aprendizado, por que, quando deram seu apoio total, incondicional e entusiasmado ao torneiro mecânico que virara grande líder sindicalista, não conseguiram cooptá-lo para o esforço do aprendizado, da leitura, da aquisição de conhecimentos, fundamental para quem, um dia, haveria de tomar importantes decisões, afetando os destinos da sociedade? Por que não se preocuparam em convencê-lo a estudar, sabendo-se que vinte anos de estudo teriam bastado para Lula chegar até a um doutoramento em Administração Pública?

Então, de tantos e tantos mestres que desde o começo apoiaram Lula, só restaria escolher o melhor, mais competente e mais íntegro, que iluminou a cabeça de tanta gente, mostrou as riquezas e a beleza do pensamento humano, e estimulou incontáveis pessoas (mas não Lula, incompreensivelmente) no esforço prazeroso de conhecer, para lhe fazer uma cobrança pública e dizer: A culpa é do Antonio Candido.

VA VA VALE TUDO AGORA

Já que o próprio presidente da República, presumidamente um modelo ético de comportamento para toda a sociedade, confessou – durante o evento que marcou a volta da Rádio Nacional – que quando trabalhava (como metalúrgico) costumava burlar a ordem que proibia escutar rádio em serviço (para evitar acidentes de trabalho), colocando fones no ouvido e enganando o chefe quando este não estava perto – demonstrando assim que quem engana o chefe pode se dar muito bem na vida, mesmo que perca um dedo (em acidente de trabalho); já que às vésperas do prazo final, estabelecido pela legislação eleitoral para a liberação de recursos para os municípios, o Tesouro Nacional abriu seus cofres e empenhou um volume recorde de dinheiro para investimentos em junho – R$ 1,5 bilhões, sendo R$ 750 milhões só na última semana; já que, continuando a falar em burla, a Advocacia-Geral da União (AGU), num surto AGUdo de servilismo – sem que seus integrantes tenham exibido qualquer rubor nas faces, pelo menos em público – para burlar a lei em favor dos interesses eleitorais do governo adotou uma hermenêutica interpretativa segundo a qual a expressão legal "obras em andamento" significa "obras que vão ser iniciadas", autorizando assim o governo a repassar, dentro dos três meses que antecedem as eleições municipais, "recursos voluntários" aos prefeitos/candidatos do PT e de legendas coligadas – interpretação sem-vergonhíssima essa que, como não poderia deixar de ser, foi derrubada pelo ínclito presidente do Tribunal Superior Eleitoral; já que para a população das dezoito capitais governadas por prefeitos petistas e coligados, foram celebrados convênios para investimentos na ordem de R$ 235 milhões, que significarão repasse de R$ 16,5 por habitante, enquanto para a população das oito capitais com prefeitos oposicionistas os convênios celebrados não ultrapassam R$ 29 milhões, representando apenas R$ 4,6 por habitante; já que no repasse de recursos para investimentos que deputados e senadores incluíram no Orçamento o Planalto carimbou para seus aliados 59,7% do valor de suas emendas apresentadas, enquanto para os oposicionistas concedeu apenas 21,3% do que pretendiam, num parcialismo coronelista explícito que jamais se assistira em governo brasileiro desde a República Velha, a ponto de até o senador ACM ficar sinceramente chocado; já que o governo federal também burlou, escandalosamente, a exigência legal de fiscalização do Bolsa-Família, uma vez que o programa Bolsa-Escola, do qual aquele se originou e com o qual se fundiu, exige a contrapartida das famílias, que consiste na freqüência de seus filhos às salas de aula, o que era fiscalizado a cada três meses no governo FHC e significava um salutar incentivo à educação justamente para as famílias que mais dependiam dela para melhorar sua precária condição socioeconômica, incentivo esse que no atual governo se transformou em simples e pouco dignificante esmola; já que, ainda tendo a burla por tema, a Prefeitura de São Paulo contratou serviços de consultoria prestados por

ONGs e fundações que custaram aos contribuintes paulistanos R$ 176 milhões por ano (quase a receita da taxa do lixo), sem qualquer licitação ou concorrência pública, com base no "notório saber" previsto na Lei de Licitações, mas em alguns casos "terceirizou" essa qualificação – como se o "notório saber" pudesse ser subempreitado ou transmitido por osmose –, transferindo assim, por exemplo, o serviço contratado com a Fundação Getúlio Vargas (FGV) – de notório "notório saber" – para funcionários e conselheiros da entidade petista já dirigida pela prefeita, o Instituto Florestan Fernandes (IFF) – de "notório saber" nem tão notório assim –; já que por meio de estratagemas – como essa terceirizante subcontratação do "notório saber" – a Prefeitura paulistana desqualifica todos os seus 140 mil funcionários para funções da complexidade, superespecialização e profundo conhecimento técnico como o exigido por um "programa especial de formação em nível médio para auxiliares de educação infantil" (profundo mesmo, pois a Prefeitura pagou R$ 14 milhões por ele!); já que está em plena vigência o hábito de a Administração Pública contornar as leis, inclusive por meio de licitações dirigidas, que exigem do prestador de serviço longa experiência em atividade que nada tem que ver com a licitada (embora na aparência o tenha); já que também está em pleno vigor a prática de arregimentar a criatividade de tantos, não para prestar o melhor serviço, mas sim para tirar o melhor proveito da contratação de serviços, não para dotar o serviço público dos melhores especialistas nos setores, mas sim para "aparelhá-lo" com os quadros político-partidários e os companheiros ideofisiológicos mais achegados, independentemente de qualquer preparo funcional, competência ou experiência que possuam; já que chegamos, finalmente, depois de tanta conscienização de cidadania, de tanta luta pela isonomia, de tanta crítica aos nossos vícios de formação histórica, pelos quais temos, por séculos, praticado a (injustamente) chamada "Lei de Gérson" (a de levar vantagem em tudo, certo?), aos valores morais da Administração Pública que aí estão, a essa verdadeira revolução no campo da "ética na política", pela qual a vergonha pública parece ter descido a níveis abaixo de subsolo, quando o que está em jogo é a pura e simples preservação (com desfrute) do "Pudê", a nós outros da platéia só resta relaxar, celebrar nossa Democracia com descontração e alegria, quem sabe cantando (já que o atual comportamento dos gestores públicos lembra um pouco as diabruras das chanchadas) aquela velha musiquinha de carnaval do filme do saudoso Oscarito, que bem resumia a ética do momento: "Tá, tá, tá, tá na hora/ va, va, vale tudo agora..."

OS SARNEYS E O CHARME DA MISÉRIA – I

Desde 1985 o Maranhão mantém o pior PIB* *per capita* de todos os Estados brasileiros. Inebriada pelo decantado "crescimento nas pesquisas" da charmosa governadora maranhense – fruto da antecipação ilegal de um maciço lançamento televisual, sem o necessário contraditório crítico dos concorrentes –, a mídia tem deixado de concentrar-se num assunto que, pelas circunstâncias, se tornou de grande interesse público nacional, ou seja, a situação de atraso, de deficiência estrutural crônica e de miséria em que se encontra um estado – que já teve grande importância no cenário cultural e histórico do País – dominado há mais de três décadas por um retrógrado sistema oligárquico, mantido pelo coronelismo eletrônico – cuja lídima representante pretende agora governar o Brasil. Os dados do Censo 2000 do IBGE são, realmente, acachapantes. Das 27 unida-

*. Produto Interno Bruto.

des da Federação, o Maranhão não apenas ocupa um dos piores lugares. Ocupa, precisamente, o pior lugar, o último, nos índices mais importantes de aferição de desenvolvimento humano – só em alguns itens subindo ao penúltimo, perdendo (o último lugar) para Estados mais novos e sem tradição. Desde 1985 o Maranhão mantém o pior PIB *per capita* de todos os estados brasileiros. Além de ser o estado onde existe a maior quantidade de pessoas, responsáveis pela manutenção de domicílios, que recebem a vergonhosa remuneração de meio salário mínimo – isso mesmo, meio salário! –, a renda média dos homens e mulheres, chefes de família no Maranhão, que não ultrapassa R$ 343 mensais, corresponde a apenas 44,6% da média nacional (que é de R$ 769). No item saneamento básico, enquanto o abastecimento de água aumentou substancialmente no País inteiro, atingindo a média nacional de 89%, no Maranhão 39,8% das casas não têm sequer banheiro ou sanitário! Semelhante calamidade higiênica, que não encontra paralelo nas outras regiões mais pobres do Brasil, se repete quanto à ausência de coleta de lixo, ao uso de formas inadequadas de esgoto, ao lançamento de resíduos em fossas rudimentares, valas, rios, lagos e no mar – o que transforma a outrora bela São Luís num verdadeiro esgoto a céu aberto, com todas as suas praias poluídas.

Aquela que já foi chamada de "Atenas Brasileira", onde "se falava o melhor português no País", região que já produziu figuras do estofo de Gonçalves Dias, Coelho Neto, Aloísio de Azevedo, Humberto de Campos, Vespasiano Ramos e tantos outros, que já abrigou um dos melhores jornais do Império – o *Timon*, editado pelo insigne Luís Francisco Lisboa –, há muito vive uma situação de absoluta decadência, abandono e miséria. Sua bela arquitetura colonial não conservada – e freqüentemente transformada em sujos cortiços –, a ausência de infra-estrutura, a falta de boas estradas que pudessem facilitar o acesso a lugares de interesse cultural ou turístico, tudo isso apenas aumenta a já grande desolação do visitante, ante a ostensiva presença da pobreza, espalhada por suas ruas e praças públicas. Comenta-se que lá é comum professores (registrados em outras funções) receberem um salário mínimo. É como se todo o progresso conquistado pelo Brasil na última década, inclusive por estados nada ricos como Ceará, Rio Grande do Norte, Paraíba, Pernambuco, Alagoas, Bahia etc., no Maranhão ficasse apenas em menos da metade. Como se explica isso? Qual o fenômeno que gerou tão especialíssima decadência? Há 36 anos – isto é, em 1965 – José Sarney se elegeu governador do Maranhão. Depois dele, o amigo e correligionário de José Sarney, Pedro Neiva de Santana, assumiu o governo do Maranhão. Depois dele, o amigo e correligionário de José Sarney, João Castelo Ribeiro Gonçalves, assumiu o governo do Maranhão. Depois dele, o amigo e correligionário de José Sarney, Oswaldo Nunes Freyre, assumiu o governo do Maranhão. Depois dele, o amigo e correliginário de José Sarney, Luís Rocha, assumiu o governo do Maranhão. Depois dele, o amigo e correligionário de José Sarney, Epitácio Cafeteira, assumiu o governo do Maranhão. Depois dele, o amigo e correligionário de José Sarney, João Alberto, assumiu o governo do Maranhão. Depois dele, o amigo e correligionário de José Sarney, Édison Lobão, assumiu o governo do Maranhão. Depois dele, a amiga, correligionária (e filha) de José Sarney, Roseana Sarney, assumiu o governo do Maranhão e está para completar um segundo mandato.

Como se explica que alguém que já ocupou o poder supremo da Nação (embora não tenha conseguido cumprir a promessa do discurso de posse de ser maior do que ele mesmo) e há mais de três décadas manda em tudo no estado, sendo dono das emissoras de televisão e rádio de maior audiência e do principal jornal, tenha deixado que o Maranhão chegasse a tais vergonhosos índices, apontados pelo Censo 2000 do insuspeito Instituto Brasileiro de Geografia e Estatística? Como se explica que alguém que mandou edificar, em vida, o próprio mausoléu, numa iniciativa literalmente faraônica (e, convenhamos, de supremo mau gosto) que nenhum caudilho latino-americano ou soba africano (pelo menos conhecido) já ousou tomar, não tenha canalizado, nestes últimos 36 anos, seu poder, suas energias e sua inegável criatividade em benefício da população miserável de seu Estado? Ao contrário do que dizem alguns que não o leram, José Sarney é um bom escritor regionalista e seu melhor livro, *Norte das Águas*, é quase uma obra-prima. É como se, ao menos em nível inconsciente, o escritor não pretendesse mudar o cenário da região onde têm desfilado seus personagens antológicos, como os irmãos Bonsdias, os Boastardes e os Boasnoites. Seria o caso do sacrifício da ética pela estética, semelhante – mal comparando, é claro – ao do imperador romano que, para dar maior realismo ao sofrimento da cidade que inspirava suas canções, mandou queimá-la? Não tem sentido cobrar idéias da charmosa Roseana Sarney – a não ser, talvez, o maior respeito à condição feminina, poupando-a da barata exploração eleitoral. Afinal de contas, é muito fácil encomendar "idéias", até originais, para repeti-las em campanha. O problema está num tipo de mentalidade, forjada nesse longo processo oligárquico, e de atrasado coronelismo, que nada tem que ver com o processo de modernização socioeconômica e estrutural que se pretende para o Brasil do século XXI.

OS SARNEYS E O CHARME DA MISÉRIA – II

A família tem domínio absoluto sobre todo o sistema de comunicação do Maranhão

Muitos podem estar se perguntando, com certa perplexidade: se, de todos os estados brasileiros, o Maranhão é o que apresenta a situação social mais calamitosa, mantendo (desde 1985) o pior PIB *per capita* do País; se o Maranhão tem hoje a maior parcela da população (62,37%) vivendo abaixo da linha de miséria (menos de R$ 80 por pessoa, por mês), de acordo com o Mapa da Fome da Fundação Getúlio Vargas; se, nas duas gestões da governadora Roseana Sarney, a pobreza só cresceu no Maranhão, pois, segundo o Instituto Brasileiro de Geografia e Estatística, o número de famílias que lá vivem com até meio salário mínimo aumentou 37% – enquanto no resto do País diminuiu 22%; se, nas duas gestões da governadora Roseana Sarney, cresceram tanto a mortalidade infantil quanto a evasão escolar – segundo dados da mesma respeitada instituição, contidos no Censo 2000; se, segundo a última medição do Índice de Desenvolvimento Humano (IDH) da ONU, o Maranhão está no mesmo patamar de miséria de nações africanas como Gana e Congo – e basta lembrar que 39,8% das casas maranhenses não têm sequer banheiro ou sanitário; como se explica, então, o fato de a governadora Roseana Sarney alcançar um bom índice de aprovação em seu estado? E como se explica o fato de, nos últimos 36 anos – isto é, desde 1965, quando José Sarney se elegeu governador do Maranhão –, o eleitorado maranhense ter escolhido, para o governo do Estado, uma seqüência ininterrupta de correligionários e amigos diletos de José Sarney (João Castelo Ribeiro Gonçalves, Oswaldo Nunes Freyre, Luiz Rocha, Epitácio Cafeteira, João Alberto, Édison Lobão e a filha Roseana Sarney), se nesse tempo todo o Maranhão, que no passado fora um marco cultural e histórico do País, entrou em franca decadência econômica, social e cultural?

Decifremos o enigma. Antes de mais nada, a família Sarney exerce domínio absoluto sobre todo o sistema de comunicação do Maranhão. É dona do principal jornal – *O Estado do Maranhão* – e do principal sistema de rádio e televisão – o Sistema Mirante e o Mirante Sat, que recebem o sinal da Rede Globo. Os outros dois sistemas de TV mais importantes do Estado pertencem a correligionários e/ou diletíssimos aliados da família, como é o caso do dono da Difusora que recebe o sinal do SBT*, senador Édison Lobão, e do dono da TV Praia Grande (que recebe o sinal da Bandeirantes), deputado estadual Manuel Ribeiro, há oito anos presidente da Assembléia Legislativa do Maranhão (na qual a governadora tem 36 dos 42 membros).

Interagindo com o governo, num processo de publicidade institucional massificada, intensa e constante, os sistemas de comunicação social maranhense exercem, com perfeição, um duplo papel. Primeiro é o de manter um cli-

---

*. Sistema Brasileiro de Televisão.

ma permanentemente festivo, com a divulgação diuturna das promoções governamentais, dentro da estratégia de programação político-espetacular denominada "Viva". Trata-se do seguinte: o governo maranhense organiza, permanentemente, festejos públicos em diferentes locais, com ampla concentração popular, tendo como pólo de atração artistas famosos, danças, farta venda de bebidas etc. Batiza-se a grande festa de acordo com o nome do bairro ou da região escolhida: por exemplo, "Viva Renascença!", ou "Viva Maiobão!", ou "Viva Liberdade!", ou "Viva Bairro de Fátima!", ou "Viva Madre Deus!", ou "Viva Anjo da Guarda!". Certamente é uma iniciativa inspirada na velha prática dos imperadores romanos, denominada *panem et circenses* (embora sem "panem", pelo que talvez mais apropriado fosse denominar "cachaçorum et circenses").

O segundo papel fundamental do integradíssimo sistema de comunicação controlado pela família Sarney consiste em abafar tanto fracassos administrativos quanto irregularidades apontadas ou investigadas – seja pelos Tribunais de Contas, pela Polícia Federal ou pelo Ministério Público –, que acabam deixando de se tornar, pela absoluta desinformação popular, objeto de pressão por parte da opinião pública maranhense.

Dentre os inúmeros exemplos de atuação dessa mordaça comunicológica, poderíamos mencionar o caso do Pólo de Confecções de Rosário, um ambicioso projeto de US$ 20 milhões – a cerca de 100 km de São Luís –, inaugurado pomposamente (com a presença de FHC), para gerar quatro mil empregos. Na verdade, tratava-se do conto-do-vigário de um chinês de Taiwan, interessado em vender máquinas de costura – e que acabou preso em Manaus, por estelionato. E o que era para ser uma moderna cooperativa, alardeada pela governadora, se tornou uma minguada produção artesanal, que só emprega cerca de quatrocentas pessoas, ganhando em torno de R$ 100 por mês (por falta

---

*. Superintendência do Desenvolvimento da Amazônia.

de coisa melhor). Ou o caso da Usimar, projeto orçado em R$1,3 bilhão, que teve aprovação recorde (com o empenho total da governadora e de seu marido) na Sudam*, levantou com rapidez inédita R$ 44 milhões e evaporou (pelo que o Ministério Público entrou com ação civil contra Roseana e Jorge Murad). Ou o caso Salangô, projeto de irrigação destinado à produção de arroz e cítricos, que recebeu cerca de R$ 60 milhões há anos, não produz nada e está eivado de graves irregularidades (inclusive superfaturamento), segundo o TCU*. Ou o caso do projeto de despoluição da Lagoa de Jansen (centro de São Luís), que também gastou R$ 60 milhões (federais) para não despoluir nada, além das graves irregularidades (inclusive superfaturamento) apontadas pelo TCU. Ou o caso da "estrada fantasma" Paulo Ramos-Arame, na qual foram gastos US$ 33 milhões em obras inexistentes. Ou o caso da duplicação do Projeto Italuis – R$ 300 milhões –, obra de saneamento também com graves irregularidades (inclusive superfaturamento) apontadas pelo TCU. Nada disso é trazido à discussão pública pelos veículos de comunicação maranhenses. E, convenhamos, uma população em que 39,8% de seus integrantes não podem nem dispor de chuveiros e privadas na própria residência, e para a qual não foram construídas novas salas de aula nos últimos sete anos, que tipo de espírito crítico poderá ter desenvolvido – nas últimas três décadas e nos últimos sete anos – dentro da anestesiante festividade com que tem sido embromada a sua sensação de real (mesmo que charmosa) miséria?

---

*. Tribunal de Contas da União.

TIMON E OS MISERÁVEIS SATISFEITOS DO MARANHÃO

Sarney tentou, mas não pôde contestar os acachapantes números da miséria.

Em artigo publicado nesta página, para contestar dados que tínhamos aqui apresentado sobre a realidade maranhense, o senador José Sarney, mesmo reconhecendo, em todo o teor de seu texto, o múltiplo domínio que há 36 anos exerce sobre seu estado, recusa-se a "vestir a roupa de oligarca" por ter um "temperamento cordial e humano". Ocorre que o conceito de oligarquia, que resulta da junção das palavras gregas "oligos" (pouco) e "arkhe" (governo), significa "governo de poucos", independentemente do temperamento de seus chefes. Sempre houve oligarcas cordiais. O senador apenas foi modesto ao dizer-se "ancestral de si mesmo", quando, na verdade, é ancestral de muita gente, até como pioneiro do coronelismo eletrônico nacional. E, a propósito de comunicação, o senador, estranhamente, negou a existência histórica do *Jornal de Timon*, que disse tratar-se de um livro em quatro volumes. O *Timon* foi um jornal, sim, lançado pelo insigne jornalista e historiador maranhense João Francisco Lisboa, cujo primeiro número saiu no dia 25 de junho de 1852 e durou até março de 1858. Provavelmente o senador compulsou uma compilação do periódico e julgou tratar-se de um livro. Só cometi o lapso de trocar o nome João Francisco por Luís Francisco. Erros de nomes acontecem – e às vezes até viram sobrenome. Mas atribuo a troca a uma associação com São Luís – e não entendo por que o senador logo a associou ao procurador Luís Francisco, do caso Lalau (assim como me chamou de "promotor", e não "produtor" cultural). De qualquer forma, eis uma das diretrizes do *Jornal de Timon*, já expressa em seu primeiro número: "As cenas eleitorais, descritas sob todas as suas relações e pontos de vista imagináveis, encherão uma grande parte das páginas do jornal". Eis um belo exemplo do democrático pluralismo político nas comunicações, coisa que o Maranhão parece ter perdido. Quem sabe, por isso, o senador tenha resolvido apagar da história maranhense o bravo *Timon*.

Mas o senador apagou muito mais. Ele disse no artigo que, ao assumir o governo do Maranhão, em 1965, o Estado vivia no século XIX, "não tinha um quilômetro de estrada asfaltada" e lá só existiam "um ginásio oficial, o Liceu" – onde estudou –, "e duas faculdades, a de Direito e a de Farmácia". Disse ainda que "as cadeias públicas eram os troncos dos tempos da escravatura". E afirmou que "a energia consumida na capital era produzida por quatro motores movidos a lenha". Quer dizer, na ânsia de provar-se o demiurgo maranhense, que criou tudo a partir do caos, o senador parece ter-se esquecido da tradição cultural da "Atenas Brasileira", reduzindo-a a uma aldeia selvagem antes de sua gestão.

Sarney procurou apagar a obra de seus antecessores imediatos, Newton Bello e Matos Carvalho. Mas a verdade, bem diferente da que descreveu, pode ser testemunhada por

170

respeitáveis cidadãos maranhenses que acompanharam os acontecimentos políticos nas décadas de 1950 e 1960: antes de Sarney chegar ao governo do Maranhão, em São Luís já havia não duas, mas sete faculdades: a de Direito, a de Farmácia, a de Odontologia, a de Serviço Social, a de Enfermagem, a de Medicina e a de Filosofia e Letras. As três primeiras eram federais e as outras quatro pertenciam à Universidade Católica, obra do arcebispo de São Luís dom José Delgado. Em lugar de menos de "um quilômetro de asfalto", já havia no Maranhão, por exemplo, o acesso a São Luís da BR-135 e a Estrada de Ribamar, afora a malha viária construída pelo governo Newton Bello, com dezenas de pontes nos trechos das estradas Vargem Grande-Chapadinha-Brejo, nas proximidades de São Bernardo, Miranda-Arari, Pedreiras-Igarapé Grande-Lago da Pedra, Vitorino Freire-BR-116, Dom Pedro-Presidente Dutra-São Domingos, nas proximidades de Colinas, trechos e obras de drenagem na Presidente Dutra-Barra do Corda-Porto Franco, pontes sobre o Rio Itapecuru em Coroatá e Codó etc. Em vez do "tronco" da escravatura, já havia no Maranhão a Penitenciária de Pedrinhas. Em lugar dos "quatro motores a lenha", já havia sido construída a Hidrelétrica de Itapecuruzinho e se construía a Hidrelétrica de Boa Esperança, que já viera desde os anos de 1950 e fora implementada pelo governo João Goulart, antes de ser concluída pelo regime militar, aumentando a eletrificação do Maranhão. A certa altura do artigo, o senador Sarney disse que Júlio de Mesquita Filho, ao testemunhar o esforço da equipe do então governador maranhense, afirmara: "Passo a reacreditar no Brasil, depois que visitei o Maranhão." Só reacredita quem já deixou de acreditar. E não nos consta que Júlio de Mesquita Filho, em algum momento de sua vida, tenha deixado de acreditar no Brasil. Menos plausível ainda seria ele precisar do Maranhão – e da equipe de Sarney – para recuperar sua crença. Na verdade, o que mais surpreendeu, no artigo do senador, foi um insuspeitado senso de desmedida. Para ele, tudo no Maranhão – desde que depois de sua gestão, nunca antes –, se não é "o melhor do Brasil", é "o maior do mundo". Com todo o respeito à sensibilidade do poeta Ferreira Gullar, ao esforço dos 120 livros do escritor Josué Montello, à bela voz grave da cantora Alcione e à criatividade do carnavalesco Joãosinho Trinta, considerá-los com mais peso cultural do que Gonçalves Dias, Coelho Neto, Aloísio de Azevedo e Humberto de Campos – já que, como disse o senador, "em nenhum tempo o Maranhão teve tanto destaque cultural no País como no século XX" –, mais que desmedida, nos parece um franco delírio.

Apesar de ter tentado, o senador não conseguiu contestar os números acachapantes da miséria maranhense, comprovados de forma taxativa pelo Censo 2000 do IBGE, pelo Mapa da Fome da FGV e pelo Índice de Desenvolvimento Humano da ONU. Não pôde desmentir – nem poderia – o fato de o Maranhão ter hoje a maior parcela da população (62,37%) vivendo abaixo da linha de miséria (menos de R$ 80 por pessoa, por mês), de ter desde 1985 o pior PIB per capita do País, de o número de famílias que lá vivem com até meio salário mínimo ter aumentado (desde 1992) 37%, enquanto no resto do País diminuiu 22%, de o número de casas maranhenses que não têm sequer banheiro ou sanitário chegar à absurda porcentagem de 39, 8% e tragédias sociais do gênero. Mas, para justificar a pobreza maranhense, o senador chegou a afirmar que "São Paulo, o Estado mais rico do Brasil, é o que tem mais pobres no País". Quer dizer, pela noção de estatística que tem quem já foi presidente do Brasil, pode-se comparar a quantidade de pobres de um Estado de 36,9 milhões de habitantes com um de 5,3 milhões.

Nada disso, no entanto, se compara à frase definitiva do senador: "Se o Maranhão é tão pobre e tantos pobres apóiam Roseana, é porque estão satisfeitos". Depois disso, só resta aos marqueteiros da candidata cunhar o lema: "Roseana é satisfação garantida, mesmo na miséria".

AS IDÉIAS DE JERICO DO SÉCULO

Com tantos levantamentos e balanços que têm sido feitos neste final de ano, de século e de milênio, talvez coubesse também um apanhado das grandes idéias de jerico que têm assolado nosso país, o que serviria para alertar as futuras gerações sobre certas regressões mentais que costumam pontilhar nossa inegável evolução. Tais idéias, de importância e setores variados, têm tido em comum a pretensiosa busca de ousadia e inovação, que resulta em estrondoso fracasso. Ou alguns gestos e ditos de figuras públicas, que ultrapassam os limites do ridículo. Ou a combinação de ambas as coisas. A Transamazônica, o acordo nuclear Brasil-Alemanha e a Paulipetro talvez tenham sido as melhores demonstrações da capacidade de se jogar fora dinheiro público, a partir de investimentos absolutamente equivocados, sem nenhuma possibilidade de retorno – afora seu brutal potencial predatório. O Plano Collor, por sua vez, foi o embuste mais truculento imposto à sociedade brasileira, já introduzindo o desastre moral que seria o governo de mesmo sobrenome. Mas, dentro das devidas proporções, têm pipocado idéias de jerico em profusão, de todos os tamanhos partidários, cores ideológicas e esferas ou níveis de poder. A criação do Superministério do Desenvolvimento, que se acabou transformando no Miniministério das Frituras, onde os sucessivos titulares têm participado de um penoso concurso de resistência à frigideira – refogada com apimentados mexericos partidários –, foi uma indigesta idéia de jerico do governo federal, entre outras de semelhante natureza muar. Mas a transformação de Lula num dublê de guia turístico e cientista político da democracia cubana não ficou atrás, em termos de axiologia asinina. E alguns fatos, mais ou menos recentes, nos dão uma pequena amostra do grau de criatividade e diversificação da produção nacional de idéias de jerico. Lembremos alguns deles: Um presidente da República interino – Paes de Andrade – que logo ao tomar posse lotou o avião presidencial com convidados e partiu para o festão em sua cidade natal, Mombaça, no interior cearense. Um ministro da Fazenda – Ricúpero – que aproveitou o intervalo de uma entrevista na TV para revelar (ainda com o microfone na lapela) o jeito que fazia para enganar o povo. Um outro ministro – Bernardo Cabral – que numa reunião ministerial passou para a colega ministra um bilhetinho, por baixo da mesa, no qual elogiava suas pernas. Uma ministra – Zélia Cardoso de Melo – que revelou tal fato em livro. A desapropriação da mansão dos Matarazzos na Avenida Paulista – no que a então prefeita Luiza Erundina pretendia punir e acabou favorecendo a família desapropriada – e seus advogados – com o melhor negócio de sua vida (às nossas custas). O batismo oficial de um pequeno buraco de passagem de carros, no Vale do Anhangabaú, com o nome do genial Tom Jobim. A idéia – de Nicéa Pitta – de transformar numa árvore de natal o obelisco do Ibirapuera dedicado aos mortos de 1932; o fura-

174

fila; o Minhocão. A idéia daquele brasileiro que patenteou internacionalmente a marca "Cometa Halley", achando que iria ganhar rios de dinheiro. A comparação que o governador mineiro Itamar Franco fez de si mesmo com Tiradentes – assim como suas ameaças de "guerra" contra as forças do governo federal. Não são, todas elas, idéias dotadas de forte perfil asnal? No entanto, nenhuma se compara, enquanto autêntica e genuína idéia de jerico, a uma que despontou neste finzinho de ano – e século e milênio – para arrasar quaisquer concorrentes: trata-se da tentativa de mudar o nome da BR-Petrobrás para "PetroBrax", sob a alegação de que o "x" dá mais a idéia da evolução tecnológica da empresa – o que já está sendo chamado de a "burrixe do xéculo" (felizmente, impedida à última hora por ordem expressa do presidente da República). Os publicitários que produziram essa pérola a justificam, alegando que o sufixo "bras" é excessivamente ligado ao Brasil e, por isso, deve ser retirado, para não demonstrar nosso "imperialismo" aos vizinhos latino-americanos. Quer dizer, então, que a maior empresa do Brasil tem de ter sua imagem internacional "desligada" do Brasil? Em lugar de demonstrar ao mundo orgulho de ser brasileira, nossa estatal do petróleo acha mais importante associar seu nome ao óleo Lubrax? Dizem também os mentores do portentoso "insight" que o nome Petrobrás é de difícil "fonética" para o inglês e o espanhol! Se isso a tivesse prejudicado, a Petrobrás não teria chegado aonde chegou – o que vale para as grandes empresas estrangeiras, que ao se instalarem em outros países não mudam de nome. Agora, o mais chocante é que para realizar essa patacoada mercadológica a estatal já jogou fora US$ 700 mil (ia jogar US$ 50 milhões). Sem dúvida, sua imagem internacional cresceria muito mais se investisse toda essa dinheirama em segurança do trabalho, para evitar as mortes de trabalhadores por acidentes a cada quinze dias, em suas plataformas.

Se gosta tanto de mudar os nomes, essa agência chamada UND (escolhida sem licitação), que transformou o logotipo da Petrobrás(x) numa verdadeira orelha de burro (e não numa gota ou folha, como pretendeu), bem poderia chamar-se "END", pois idéias desse tipo são, de fato, o fim da picada de um fim de século e milênio.

MEU ROL DE IMPLICÂNCIAS

Atendendo a insistentes pedidos de leitores e amigos retomo o velho rol.

1. Estou implicando muito com essa mania de se "solar" o Hino Nacional, a capela, antes de cerimônias ou grandes disputas esportivas. A "invenção" da cantora norte-americana virou um modismo tolo, ainda piorado com outras "inovações", tais como acompanhamento de ritmo de Olodum e coisas do gênero, próprias da gênio-baianidade musical. Ocorre que o Hino Nacional também tem sonoridade linda tocado por bandas militares e orquestras – e do jeito que vai, elas acabarão sendo excluídas, de vez, de sua execução.

2. E por falar em gênio baiano, cada vez implico mais com a tentativa de substituir o nome de São Paulo por Sampa – com base na cançãozinha medíocre do criativo compositor baiano, que em má hora plagiou o grande Paulo Vanzolini (sob o pretexto de homenageá-lo). Não seria o

caso de cobrar do talentoso Caetano Veloso uma canção nova que, realmente, homenageasse São Paulo, em vez de "esnobar" a "deselegância discreta de suas meninas" e atribuir-lhe, tautologicamente, um múltiplo "mau gosto"?

3. A propósito, a falta de justo reconhecimento às excepcionais qualidades – tanto de compositor quanto de cientista – de Paulo Vanzolini, que em sua simplicidade construiu uma obra extraordinária e teria muito a transmitir à sociedade paulista e brasileira, se a mídia soubesse captar mais sua autêntica sabedoria, me leva a um outro tipo de implicância: Parece que, entre nós, não se admite que alguém seja "bom" em mais de uma coisa. "Se é bom compositor, como é possível ser também um ótimo cientista? Se é um bom publicitário, como é que pode ser também um bom cineasta?" Talvez esse preconceito antieclético explique porque o único cineasta brasileiro cujo filme recebeu a Palma de Ouro em Cannes (Anselmo Duarte, diretor de *O Pagador de Promessa*, que também era um dos galãs do cinema brasileiro) jamais tenha sido devidamente prestigiado, depois da importantíssima premiação que fez o País conquistar – ainda não repetida, depois de décadas, apesar da grande evolução do cinema nacional.

4. Por outro lado, implico muito com o fato de este ser o país das "vacas sagradas" definitivas, em que nem sempre as obras, no decorrer das carreiras, continuam a justificar o prestígio que representaram para seus autores: E ninguém ousa, em defesa do simples bom senso, criticar eventuais aberrações produzidas por medalhões. Um bom exemplo disso é a exagerada sacralização do arquiteto (e talvez grande escultor frustrado) Oscar Niemeyer. Seu talento é historicamente inegável, mas grande parte de suas obras públicas são desfuncionais, frigidíssimas e com o desagradável ambiente decadente de "ruína moderna", como são suas edificações no Ibirapuera e, pior do que tudo, seu tenebroso "Memorial da América Latina" (MAL), cuja melhor solução talvez fosse a implosão daquela inútil cimentalhada e a formação de um parque central, com a área verde que São

Paulo tanto precisa. Porque do jeito que está, na frieza de seu pretume cimentado, o MAL (só acertou na sigla) parece feito para seres desprovidos de características ou necessidades antropológicas (e até fisiológicas, visto que sua área administrativa carece até de banheiro).

5. Por falar em obra (artística), me vem à lembrança outra implicância: É com a linguagem enrolada, hermética e pretensiosa de alguns *soi-disant* "críticos de arte", especialmente em catálogos de exposições. Muitas vezes em lugar de aproximar do público o trabalho do artista, talvez chamando a atenção para caminhos imprevistos da criação, para um jeito especial de apreciação da obra ou para pontos mais relevantes na evolução da carreira de um produtor de arte, certos textos de "apresentação" nos catálogos resultam em um incompreensível e pernóstico bestialógio, não compreendido pelos próprios expositores, nem por seus *marchands* e muito menos pelo público – o que em vez de atrair apenas afugenta apreciadores e potenciais compradores de obras de artes plásticas.

6. Na verdade, implico bastante com o aproveitamento, que se faz, de uma pretensa qualificação "técnica", para se afirmar qualquer bobagem. Há os que costumam referir-se a "recentes estudos" que demonstram isso ou aquilo (sem mostrar que estudos são esses e como podem ser devidamente avaliados). Por exemplo, há quem invoque a condição de "técnico" em silvicultura para fazer o panegírico dos eucaliptais. Até aí se compreende, pois é importante a produção de celulose e artefatos de madeira provenientes do eucalipto, o que gera empregos e até justifica o generoso patrocínio que grandes indústrias do setor oferecem a estudos acadêmicos que "provem" que o eucalipto é "inofensivo" quanto à absorção excessiva de água (mesmo com cortes aos seis anos!) e que seu avanço desregrado em nada contribui para o empobrecimento dos ecossistemas, para a destruição das matas ciliares ou para a desertificação... Agora, chegar a dizer que até os passarinhos (por nomes desconhecidos que tenham suas espécies)

preferem os bosques de eucalipto às matas nativas, realmente, é um acinte à inteligência que nem o melhor papel paga o preço...

7. Já no campo da linguagem, confesso minha profunda implicância, primeiro, com a vitória inexorável e acachapante do gerúndio em toda a comunicação coloquial. Ninguém mas faz, está fazendo; nem vai, está indo; nem providenciará, vai estar providenciando. E segundo, pelo excesso de eufemismo pelo qual se considera "trabalho informal" a prática ilegal, "flexibilização" o claro desrespeito a lei e "irregularidade" o crime cabeludo.

8. E encerro hoje o rol com uma recente implicância: Com aqueles que, hoje não antes das eleições, consideram Lula despreparado para governar. Além de injusto, isso é ilógico, pois, depois de um ano e meio de experiência, qualquer pessoa que antes não tinha experiência alguma só pode melhorar – mesmo que necessite de algumas "canjebrinas" para agüentar o tranco.

DAS BESTEIRAS CONSAGRADAS

Sem que se saiba bem por quê, tem-se formado no País um já vasto repertório de besteiras consagradas, nos mais diferentes campos de atividade, pública ou privada. Apenas a título de ilustração, sem pretensão de esgotar o repertório, vejamos dez dessas que, para abreviar, chamaremos de "bescons".

Torcida – Não bastasse os locutores esportivos terem transformado em torcedor compulsório todo e qualquer cidadão disposto a simplesmente apreciar uma partida de futebol – a ponto de, em suas transmissões, não existir mais público assistente, mas somente torcedores dos times em campo ou de seus adversários –, hoje se confere ao torcedor um verdadeiro *status* de cidadania, com a devida "reivindicação de direitos", exigência do respeito a "prerrogativas" e coisas do gênero. É claro que o torcedor é mais que um simples apreciador de espetáculos esportivos. Mas aceitar a mera qualificação pessoal de torcedor de um clube, como justificativa para as mais estapafúrdias reivindicações "corporativas", é uma bescon de placa da qual não têm escapado os locutores esportivos mais competentes, "padrão Galvão Bueno de qualidade". Não é sem razão, pois, que Eurico Miranda afirma ser um deputado federal eleito só pelo Vasco, para defender, exclusivamente, os interesses do clube carioca. É que, de tanto incensar o torcedor, se chegou à distorção de fazê-lo substituir o cidadão.

Galera – É o coletivo que se impõe a todos os que assistem a shows e espetáculos de qualquer gênero. Trata-se de uma das bescons mais generalizadas nos programas de auditórios de TV e nos shows musicais, em que o tratamento dispensado aos espectadores assemelha-se muito mais ao tanger de uma manada do que a uma exibição ao "distinto público".

Em manutenção – Essa é uma bescon do gênero disfarce de desleixo. Quando se vai a um cinema com o ar-condicionado pifado, em meio a um calor sufocante, quando se vê um bebedouro sem uma gota d'água ou um elevador quebrado, ante uma enorme fila de repartição pública, é muito comum deparar-se com a plaquinha "Em manutenção" – quando se sabe, perfeitamente, que todos aqueles equipamentos estão simplesmente quebrados e não recebem "manutenção" nenhuma há muito tempo. Assim, o "Em manutenção" significa, na verdade, que o que está sendo mantido é o enguiço.

Aeróbica baiana – A chamada "axé music" coreografada tomou conta dos salões e determinou a proibição intransigente – e intolerante – da dança a dois. O rosto colado transformou-se numa espécie de crime lesa-Bahia, deixando aos cerceados, desprezados e empurrados casais que ousam praticá-lo a alternativa que restava ao solitário personagem de Ionesco, que se recusava a virar, como todo mundo, rinoceronte e, ao final, resistia sozinho, esbravejando: "Eu não capitulo, sou um homem!"

Perguntas pré-respondidas – Essa é uma bescon jornalística muito comum em entrevistas coletivas ou programas de entrevistas na televisão. O repórter faz uma pergunta que já contém a resposta pretendida e a respectiva mensagem ideológica – do próprio repórter. Geralmente a pergunta se inicia com o "senhor não acha que..." Por exemplo: "O senhor não acha que isso é um dos efeitos perversos da globalização?" Ao entrevistado, cabe aceitar ou não a proposta de resposta circunscrita a um nível de profundidade padrão teste de escolha múltipla.

Fotos agachadas – Essa é uma bescon da reportagem fotográfica que muitos parecem considerar um delicioso "achado": trata-se de colher um instantâneo do momento em que alguma conhecida autoridade vai sentar-se – de preferência mais de uma figura pública, sentando-se para uma reunião. A pose de as pessoas "se agachando" – no processo normal de quem vai sentar-se – se torna uma postura desmoralizante, cheia de conotações "simbólicas".

Daqui a pouco a gente volta – A bescon não é a frase comum normal, usada por Jô Soares para anunciar os intervalos de seu programa, mas sim o fato de ela ser excessivamente imitada por quase todos os apresentadores de programas de entrevistas e telejornais, como se se tratasse de um "achado" indispensável.

Humor pré-formatado –É o uso à exaustão, nos programas humorísticos, dos mesmos jargões dos personagens aplicados a situações parecidas. A velha fórmula preenchida com criatividade poderia funcionar, mas, do jeito pobre que fazem, vira não uma zorra, mas uma modorra total – no caso, uma sub-bescon.

Robotização dos atendentes – Os agradecimentos forçados, especialmente das companhias telefônicas (Do tipo "Telefônica 15 agradece" etc.) que fazem quem está com pressa controlar-se para não desligar no ouvido dos robozinhos falantes, economizando impulsos.

Sotaque colonizado – Bescon maior do que o excesso de estrangeirismos dispensáveis (do tipo *"delivery"*, *"drive-thru"* etc.) é o deslumbramento pelo sotaque estrangeiro (em português) simultâneo à vergonha do sotaque brasileiro (em outras línguas, especialmente inglês). Os locutores enrolam toda a língua para falar uma palavra inglesa do jeito norte-americano (ou do que pensam que o seja). Ao mesmo tempo, aqui se acha tão lindo o sotaque estrangeiro que até pessoas que já poderiam falar bem melhor a nossa língua parecem fazer questão de intensificar o próprio sotaque, para manter o charme – caso do simpático "americano" Henry Sobel (excelente figura pública).

Eis uma pequena amostra de um cacoete nacional.

DE ONGS E DE ARAPONGS

O crescimento desnorteante das Organizações Não Governamentais no mundo inteiro e no País, seu poder crescente de influência na vida econômica, social, política, jurídica, administrativa, profissional, ambiental – e de que mais ordem seja – das sociedades contemporâneas, estão a exigir uma reflexão a respeito da real representatividade ou do grau de legitimidade de muitas delas. Antes de mais nada, é preciso distinguir bem, entre as centenas de ONGs em operação no território nacional, aquelas que têm marcado sua atuação com uma tradição de seriedade e transparência, prestando, em vários setores, uma contribuição realmente valiosa à sociedade brasileira. Bastaria aqui mencionar duas delas, por seus padrões de excelência: O Centro de Integração Empresa-Escola (CIEE) e a Fundação Abrinq* pelos Direitos da Criança e do Adolescente.

---

*. Associação Brasileira dos Fabricantes de Brinquedo.

Fundado há quase quarenta anos por empresários e educadores – portanto, muito antes de as ONGs entrarem na moda – o CIEE tem desenvolvido e administrado programas de estágios em todos os níveis de qualificação, para empresas públicas e privadas, tem promovido programas de seleção, capacitação e desenvolvimento de recursos humanos, tem orientado estudantes na escolha de carreiras, tem implementado programas gratuitos de alfabetização de adultos, tem disponibilizado um serviço gratuito de informações profissionais, tem planejado e executado treinamentos de gestores. O resultado disso são 3,5 milhões de jovens estudantes encaminhados para estágios, 110 mil empresas conveniadas, quatorze mil escolas atuando em parceria, 192 unidades operacionais localizadas em 27 Estados e 50% dos estagiários efetivados pelas empresas.

A Fundação Abrinq tem só catorze anos, mas também já registra uma participação extremamente construtiva, tanto quanto inovadora, no campo da defesa dos direitos da criança e do adolescente, do estímulo à responsabilidade social das empresas e da coordenação de atividades do terceiro setor. A entidade canaliza recursos de pessoas físicas e jurídicas – contando com cerca de cinco mil contribuintes – para uma rede de organizações assistenciais (com 119 delas só na Grande São Paulo) e para os quinze programas que desenvolve. Nestes, há o financiamento a boas iniciativas, como a da escolarização e do incentivo à leitura (programas do tipo "Biblioteca Viva" e "Mudando a Historia"), há mobilizações como a do combate ao trabalho infantil, há articulações como a do trabalho voluntário – de dentistas, psicólogos, arquitetos, advogados etc. –, há um relevante esforço de incentivo a políticas públicas, como o do programa "Prefeito Amigo da Criança" (ajudando municípios a priorizar ações em favor de crianças e adolescentes), assim como o de divulgação, junto às empresas, da responsabilidade social destas na formação profissional do adolescente e dos aspectos mais significativos da Lei de Aprendizagem.

186

ONGs como estas e outras de igual respeitabilidade é que deveriam ser ouvidas e prestigiadas pelos Poderes Públicos, e não aquelas outras que, quando não participam de negócios escusos (antes ou agora), tentam usurpar funções do Poder Público ou "cobrar", em nome da sociedade, como se desta tivessem recebido algum mandato. Estas últimas dão palpite em tudo, julgam-se as protetoras únicas do meio ambiente, arvoram-se na função de demarcar terras indígenas, "legislar" contra os transgênicos ou comandar mobilizações contra a Alca.

Entre elas há um grupo que parece especializado em detonar a imagem do País no exterior. Como se participassem de uma rede de espionagem, destinada a enviar para fora as informações mais detratoras do Brasil, essas arapONGs muito cobram, mas nunca são cobradas. Tome-se o exemplo da reportagem que saiu na revista inglesa *The Economist*, segundo a qual o gado e a soja estariam "comendo" a floresta amazônica, razão porque se recomendava aos países ricos deixar de importar carne e soja do Brasil. Ninguém do governo desmentiu a absurda informação, que confundia a Amazônia legal (que engloba Estados produtores de carne e soja, como o Mato Grosso) com a floresta amazônica.

Essa arapongagem difamatória é exercida de maneira insidiosa, porque repassa informações para o exterior nem sempre "descobertas" no País. Existe um site cujo nome já é um insulto – pois se chama "brazzil" (assim mesmo, com "zz") – em que um tal de jornalista escocês, chamado John Fitzpatrick, se delicia em esculhambar tudo o que se refere ao Brasil. Entre as estultices que "passou" para fora, por exemplo, está que as recentes homenagens feitas em São Paulo a Airton Senna (a quem considera praticamente um assassino, porque "quase matou" Alain Prost e outros nas pistas) se devem ao fato de os paulistanos cultuarem aquele piloto por terem um trânsito igualmente selvagem e assassino! Outra dele: "O sermão do Padre Marcelo Rossi, com a imagem da Virgem Maria, foi de virar o estômago".

São "informações" desse gênero e desse nível que esses calhordas transmitem ao mundo, sejam sobre Amazônia, política, economia, índios, crimes, misérias, personalidades públicas nossas, e tudo mais do Brasil (que chamam de "brazzil"). Arre!

A VERDADEIRA RAZÃO DO CELIBATO CLERICAL

Ela é estritamente econômica, patrimonial, de sucessão hereditária e previdenciária

O escândalo da pedofilia estourado no seio da Igreja Católica, que levou a um dos maiores constrangimentos já sofridos por um papa em fim de pontificado, a uma crise humilhante do clero norte-americano e à exposição de abusos criminosos de religiosos, há muito tempo abafados no mundo inteiro – e, claro, também no Brasil –, tem levado a uma compreensível discussão a respeito do sentido do celibato clerical. Alguns representantes da Igreja têm-se saído muito mal, ao tentar passar a idéia de que uma coisa (pedofilia) não tem nada que ver com a outra (celibato) porque "pessoas casadas também fazem sexo com menores" e "nem todos os pedófilos são padres" (pudera!). Em recente artigo na *Folha*, um monge beneditino e professor de Teologia tentava minimizar a incidência da pedofilia no clero dos Estados Unidos, referindo-se a uma estatística científica segundo a qual "apenas" 6% dos padres de lá tiveram contato sexual com menores – "4% deles com adolescentes e o restante com crianças". E o monge concluía: "Quer dizer que 94% dos sacerdotes norte-americanos se mantêm isentos de culpa nesse setor". Para se ter melhor idéia da enormidade desse abuso, em termos porcentuais, é só imaginar que no total da população da cidade de São Paulo houvesse (considerando os 6%) mais de 600 mil pedófilos – 400 mil "dedicados" a adolescentes e 200 mil a crianças! (Como protegeríamos nossos filhos desse colossal exército de tarados?) Mas é evidente que a alta incidência desse grave desvio de comportamento, no clero, não se repete no todo da sociedade, o que leva a se considerar o celibato como um dos fatores (não o único, é óbvio) da grande freqüência dessa prática, no meio clerical.

Mas o que parece mais estranho, em todo o debate que ora se trava em torno do celibato clerical, no qual não faltam doutas citações bíblicas, conceitos teológicos sobre a "vida indivisa", referências históricas e hermenêuticas conciliares – com citações dos Concílios de Elvira (do ano 307), de Latrão (1139) e outras tecnicalidades interpretativas das normas católicas –, é o fato de não se fazer referência alguma à verdadeira razão pela qual, ao longo dos séculos, a Igreja Católica Apostólica Romana tem imposto uma regra que não é dogma, não é exigência do Direito Canônico e significa uma violência contra a racionalidade e o espírito lógico, tão caros ao pensamento aristotélico-tomista, um dos mais preciosos fundamentos teóricos da doutrina católica.

O celibato é ilógico porque, em termos de princípio, vai de encontro a um dos sacramentos mais valiosos da Igreja, expressão maior do mandamento primordial de geração da vida, contido na sentença "crescei e multiplicai-vos". Por que estranhos desígnios aqueles que assumem a vocação sacerdotal devem ser impedidos de criar o que é a célula matriz, o núcleo central da sociedade humana – ou seja, a família? Que raio de coerência existe em proibir de formar família os maiores defensores da família?

O argumento que tem sido usado e repetido *ad nauseam* pelos porta-vozes da Igreja, em favor do celibato clerical, diz respeito, em última instância, a uma questão de concentração no trabalho – na função religiosa – que exigiria o afastamento de quaisquer outros compromissos, especialmente os da natureza familiar. Dentro desse raciocínio, a família – fulcro da procriação e da perpetuação da espécie humana, feita à imagem e semelhança de Deus – seria uma espécie de entrave, de cerceamento ao pleno ministério sacerdotal. Como se explicaria, então, o fato de em todas as demais religiões a família, em lugar de atrapalhar, ser sempre um importante apoio, para os que se dedicam, integralmente, à função religiosa, sejam evangélicos, judeus, muçulmanos, budistas ou que demais crenças professem e cultos conduzam? Só a família do religioso católico haveria de atrapalhar?

O celibato também é ilógico porque os padres sempre exerceram, dentro e fora do confessionário, um papel de conselheiros preferenciais, para os devotos, sobre questões de relacionamento conjugal, de educação de filhos e demais problemas específicos da família, sobre os quais jamais tiveram vivência direta – tirando a experiência de sua própria infância ou juventude, com pais e irmãos. É claro que esses religiosos não são os únicos a pôr em prática o exercício da "inexperiência aconselhadora". Conhecemos o caso de um cidadão que, tendo fracassado em toda as suas relações afetivas e, ao mesmo tempo, em todas as profissões tentadas (de engenheiro, filósofo, industrial plástico, bailarino e psicólogo), simplesmente resolveu adotar a profissão de psicoterapeuta de casais! Mas não chegaríamos ao exagero de afirmar que, quando o confessionário faz as vezes do divã, sempre repete o esquisito método de opinar sobre o desconhecido...

Agora, indo ao ponto central da questão, que é a verdadeira razão do celibato clerical, é preciso dizer, sem disfarces, que a razão é uma só: não é teológica, nem filosófica, nem ética, nem religiosa, mas estritamente econômica, patrimonial, de sucessão hereditária e previdenciária. A Igreja Católica é a herdeira testamentária ou legatária de todas as pessoas que entram numa de suas ordens religiosas ou passam a integrar sua grande organização burocrática. Em praticamente todas as legislações dos povos do mundo, desde tempos imemoriais, na ordem da sucessão hereditária, os filhos são sempre privilegiados e os cônjuges também ocupam lugar importante – o que equivale a dizer que as leis das nações sempre protegem a continuidade da sustentação material das famílias, na ausência de seus provedores originais. Em nosso Direito Civil, por exemplo, havendo herdeiros necessários, o testador só pode dispor de metade da herança. Por ocasião de inventários e partilhas, tratando-se de famílias em que há herdeiros pertencentes a ordens religiosas católicas, a primeira preocupação costuma ser a de "pagar o quinhão da Santa Sé" – e diga-se de passagem que esta sempre foi zelosa e muito rápida na cobrança do que lhe cabe. Sem celibato a Igreja teria de enfrentar a concorrência dos herdeiros necessários de seus compulsórios testadores.

Por outro lado, em casos de morte, de separação conjugal, de desamparo de órfãos, da necessidade de fixação de pensões e prestações de alimentos para filhos e/ou cônjuges de sacerdotes – caso não houvesse o celibato clerical obrigatório –, até que ponto a Igreja Católica não poderia ver-se obrigada a assumir, civilmente, uma responsabilidade – ou ônus econômico-financeiro – com a qual, mesmo com seu imenso patrimônio, não desejaria arcar?

É preciso, enfim, que a Igreja, por seus representantes e porta-vozes, assuma uma posição transparente nesse debate e argumente a partir de seus reais – e não escamoteados – motivos.

EUCALIPTO FARÁ O JEQUITINHONHA DE SÃO PAULO?

Apesar de o Vale do Jequitinhonha, em Minas Gerais, por ser uma das regiões mais miseráveis do País, ter sido a meta preferencial e paradigmática das "caravanas da cidadania" do candidato Lula – em mais de uma campanha presidencial – e uma das escolhidas para a inauguração do prato de resistência do novo governo – o programa Fome Zero –, estranhamente nada se falou sobre a razão específica (afora as genéricas, do subdesenvolvimento socioeconômico e, quiçá, político) que levou aquela parte do território mineiro a uma situação tão degradada e economicamente insustentável. Mas alguns depoimentos de figuras representativas da região, em entrevistas de rádio, por ocasião da visita da comitiva presidencial, nos deram conta de que há cerca de 26 anos o Jequitinhonha era um vale fértil, de múltiplas culturas e criações, e começou a "secar" graças à substitui-

193

ção das matas nativas pela plantação indiscriminada do eucalipto.

Ante as previsões dramáticas do relatório da Unesco[*] sobre a redução dos mananciais nos próximos vinte anos – a ser apresentado no III Fórum Mundial da Água, em Kyoto, a partir da próxima semana – e ante a possibilidade de vir a ser prejudicada uma remanescente biodiversidade, bem como os recursos hídricos disponíveis para o abastecimento da maior (e mais importante) cidade brasileira, seria importante se discutir os riscos da rápida substituição, que vai ocorrendo, de matas nativas ciliares por eucaliptais, em municípios próximos desta Capital, como Nazaré Paulista – onde está a represa do Atibainha, principal manancial do Sistema Cantareira –, Piracaia, Joanópolis e outros. Pois nessa região, especialmente nos últimos cinco anos, uma bela e variada vegetação nativa, abrigando nascentes, veios d'água, córregos e *habitat* de uma rica fauna, tem cedido lugar à monotonia das árvores iguais enfileiradas, que nada têm para atrair os pássaros – ou quaisquer outras espécies animais – e são cortadas rápido para virarem lenha. Pouquíssimas são as áreas que lá ainda resistem ao desmatamento ilegal – ou ao estéril "reflorestamento" das "roças" de eucalipto. Não se trata de aproveitamento em indústria de celulose – que a região não tem nem comporta, por suas características – e muito menos obedecem, tais plantações, a critérios técnicos de remanejamento e/ou preservação percentual de mata nativa. Trata-se, apenas, de madeira que bebeu muita água, mas só serve para o fogo...

Na velha controvérsia a respeito dos efeitos ambientais dos eucaliptais, apesar dos argumentos – geralmente embasados em trabalhos científicos patrocinados por grandes empresas que fazem a exploração industrial da planta – que procuram colocar no rol de simples "mitos" os malefícios causados pelo eucalipto à fertilidade do solo e aos mananciais, há uma vasta literatura a comprovar, pelo menos,

---

[*]. Organização das Nações Unidas para a Educação, a Ciência e a Cultura.

três pontos fundamentais: a altíssima demanda de água da planta pode esgotar a umidade do solo e prejudicar a recarga da água subterrânea, desestabilizando o ciclo hidrológico; a forte absorção de nutrientes, pelas raízes, pode gerar no solo um grande *deficit*, desestabilizando o ciclo de nutrientes; a liberação de substâncias químicas – ou os efeitos alelopáticos sobre a microflora – podem afetar o crescimento de plantas e microorganismos, diminuindo assim, mais ainda, a fertilidade do solo.

A Food and Agriculture Organization (FAO) e muitas outras entidades internacionais, assim como universidades e centros científicos europeus, indianos, australianos e sul-africanos, têm realizado discussões aprofundadas sobre o tema – nas quais muitas vezes as preocupações ambientalistas se chocam com os interesses dos grupos industriais que se utilizam dessa planta originária da Austrália, que passou a ser cultivada na Europa em meados do século XIX (e no Brasil, no início do século XX). Há relatos de 1887, da África do Sul – um dos primeiros países que estabeleceram plantações de eucalipto em larga escala –, segundo os quais o clima daquele país estava se tornando mais seco, as nascentes outrora abundantes se tornavam minguadas e os cursos d'água viravam intermitentes. Cem anos depois – em 1987 – o português Antero Gonçalves escreveu um livro com o título *O Eucalipto ou o Homem,* no qual afirmava, a certa altura : "Não merece a pena repetir mais que é o eucalipto: é contra os seres vivos, é contra a terra, é contra a água, é contra todos. É difícil compreender como este povo do campo aceita sossegado e tranqüilo que lhe conspurquem as melhores terras aráveis com o infernal glóbulo que ameaça tornar-nos um deserto". Já na Espanha, um movimento que visa a promoção do plantio de espécies nativas tem o nome de "Club Phoracantha", em homenagem ao besouro que mata o eucalipto.

Não é sem razão, pois, que na legislação de muitos países existam restrições a esse plantio. No Brasil, uma lei aprovada no Espírito Santo proíbe novos plantios de eucalipto no estado. Não seria o caso, então, de em São Paulo também criar-se semelhantes restrições, pelo menos em regiões de importantes mananciais, como a citada, para que não vejamos, em poucos anos, as ainda diversificadas (e não desertificadas) partes de vegetação de Nazaré Paulista – com suas matas nativas, nascentes, seus pássaros, bugios e até jaguatiricas, a apenas uma hora da capital – transformadas num desolador Jequitinhonha, com serventia só para receber lacrimosas caravanas de futuras campanhas presidenciais, enquanto em São Paulo teremos que comprar água potável a peso de ouro (ou de ar puro)?

DE DISCRIMINAÇÃO, DIREITO E REGALIA

O comemoradíssimo Estatuto do Idoso (criado pela Lei nº 10.741/03, para regulamentar o Artigo 230 da Constituição) logo de início (art. 2º) estabelece que cabe aos idosos a "faculdade de ir, vir e estar nos logradouros públicos", assim como lhes são facultados os direitos de "opinião e expressão", de "crença e culto religioso" e de "participação na vida pública" (art. 10, d 1º, incs. II, III e VI). Quer dizer, então, que antes dessa redentora lei os idosos não podiam andar por onde quisessem, no espaço público, não tinham a liberdade de seguir alguma crença – ou culto religioso – nem de participar da vida política?

É claro que essa grande bobagem legislativa nada mais pretendeu do que combater a odiosa discriminação contra os idosos, neste país que começa a perceber que deixou de ser jovenzinho e por isso já precisa tomar os seus devidos resguardos etários. Mas, na verdade, por trás do traço tautológico e acaciano dessa lei, está a dificuldade nacional de conciliar a proteção das minorias, própria das democracias modernas, com o entendimento do que seja a prerrogativa geral da cidadania – em um país que sempre confundiu o direito geral com a regalia grupal.

Muitas vezes as normas criadas no Brasil com a belíssima intenção de proteger as "minorias" têm o condão de excluí-las, paradoxalmente, das prerrogativas gerais inerentes à cidadania. Se os motoristas de ônibus estivessem devidamente treinados, obrigados – e cobrados – a respeitar todos os passageiros que pretendessem tomá-los, nos pontos, não precisariam ser severamente punidos *apenas* quando desrespeitassem os idosos, pois estes, independentemente da idade, são cidadãos e como tais sempre merecem respeito de prestadores de serviço público (e de quem mais seja). Sem dúvida, é ótimo que os planos de saúde não possam fazer majorações de preços das mensalidades para sexagenários. Mas o certo, rigorosamente constitucional e não discriminatório seria se tais planos não fizessem discriminação alguma de preço, em razão da idade do cidadão – pertencesse ele a qualquer faixa etária. É justo que haja prioridade de atendimento ao idoso, no campo da saúde. Mas em um país em que os doentes são "internados" nos corredores dos hospitais, antes de mais nada é preciso atentar mais para a gravidade do que para a idade, sob pena de se achar mais urgente a unha encravada de um velho do que o apêndice supurado de um moço.

O Brasil passou a adotar os avanços dos direitos minoritários das Democracias desenvolvidas, antes de libertar-se dos vícios discriminatórios e privilégios que sempre excluíram os direitos das grandes maiorias. Este é o país, por excelência, da cela especial, do apartamento funcional, do carro oficial, da franquia postal, da nomeação preferencial, da isenção fiscal – e, agora, da cota racial. Por um lado, asseguram-se privilégios injustificáveis para uma determinada categoria de cidadãos: Por que o criminoso portador de diploma universitário – que teve, em tese, melhores condições de discernir sobre o que a lei permite ou proíbe –

198

merece maior e mais exclusivo conforto em seu xilindró? Por que o legislador federal, que já não ganha nada mal (com número de salários muito maior do que o de meses do ano) ainda precisa de apartamento funcional, passagens aéreas gratuitas e o escambau? Por que no mundo institucional há tanta regalia funcional e no empresarial há tanta isenção fiscal (ou evasão legal)?

Por outro lado, é como se os direitos dos idosos, os dos adolescentes, os das mulheres, os dos negros, os dos índios, os dos deficientes físicos, os dos homossexuais, os dos presos, os dos sem-terra, os dos aposentados, os dos doentes, os dos analfabetos e os de todas as categorias sociais suscetíveis de sofrer odiosas discriminações, precisassem ser devidamente especificados, sob pena de estas estarem alijadas do conjunto geral de normas protetoras da Constituição, em benefício de todos os cidadãos.

É preciso que se combata a discriminação com a generalização, e não com a especificação de direitos. Tomemos o caso das cotas raciais. Seriam absolutamente válidos – e não lesariam direitos de ninguém – todos os esforços e recursos públicos que fossem canalizados para que os grupos sociais mais defasados, no campo educacional – fossem negros, índios, mamelucos, cafusos ou da origem étnica e cor de pele que tivessem – pudessem adquirir condições de competir, em pé de igualdade, com os demais. Um volume maior de bolsas de estudo, tanto quanto o incentivo público maior às suas escolas comunitárias, representariam justas iniciativas compensatórias. Mas a discriminatória mudança de critérios de avaliação de desempenho, por meio das "cotas raciais" – que afrontam a inteligência e o orgulho intelectual dos negros – é coisa bem diversa: Trata-se de uma rebaixadora complacência racista, disfarçada de "politicamente correta".

Um bom exemplo da extensão dos direitos de cidadania pela saudável via da generalização – em nada discriminatória – é o vitorioso projeto de renda mínima do senador Eduardo Suplicy, recém-sancionado pelo presidente da República, depois da luta extenuante, obstinada, de um dos políticos mais diligentes e íntegros do País. Com toda a sua dose de utopia, a renda mínima de Suplicy traduz, em última instância, o verdadeiro princípio da igualdade de oportunidades – no caso, de sobrevivência do ser humano – que é a linha de partida de todos os incluídos no grande rali da vida democrática.

AVILTANTE DISCRIMINAÇÃO RACIAL

"Todos são iguais perante a lei", diz a Constituição, "sem distinção de qualquer natureza".

O que significa a concessão de determinados direitos a um cidadão em razão de sua origem étnica? Significa, pura e simplesmente, uma discriminação racial. E não há razões históricas, "políticas compensatórias" ou culpas culturais de pretensas "raças" majoritárias (ou dominantes) que possam desfazer a profunda incompatibilidade, que existe, entre um privilégio exclusivo, concedido a uma comunidade de determinada etnia, e a noção de cidadania de um Estado Democrático de Direito. Quando as Constituições das democracias contemporâneas consagram o princípio segundo o qual "todos são iguais perante a lei" (e a nossa acrescenta: "sem distinção de qualquer natureza"), é para impedir que se faça qualquer discriminação de raça – ou de cor, ou de sexo, ou de crença – no reconhecimento dos direitos de cidadania e na distribuição de oportunidades entre os integrantes do corpo social.

Quarta-feira, o presidente FHC vai anunciar a nova regra da administração pública brasileira pela qual todas as empresas que prestam serviços a órgãos federais terão de reservar 20% de suas vagas para negros – com base em prática já adotada pelo ministro do Desenvolvimento Agrário, Raul Jungmann. O secretário nacional dos Direitos Humanos, Paulo Sérgio Pinheiro, defende a reserva de vagas nas universidades para negros, por meio de um sistema de cotas, afirmando: "Nas universidades, os descendentes de negros ultrapassam só cerca de 1% do total de alunos; isso é inaceitável". Existe o projeto de reservar aos negros 20% das vagas nos concursos públicos. E tramita na Câmara dos Deputados – já aprovado pela Comissão de Ciência e Tecnologia, Comunicação e Informática – um projeto de lei (do deputado Paulo Paim, PT-RS) obrigando a participação mínima de 25% de negros em programas de TV, novelas e filmes, e de 40% de negros em todos os anúncios de publicidade.

Muito bem. A primeira questão prática a ser levantada nesse conspícuo entusiasmo por uma política de fixação compulsória de "cota racial e étnica" em favor de "afro-descendentes" – para usar expressões do ilustre deputado Paulo Paim – pode-se resumir na indagação: quem é negro no Brasil? Se temos uma população miscigenada em altíssimo grau – o que pode representar a mais bem-sucedida integração racial do planeta –, como será possível saber, efetivamente, quem tem e quem não tem alguma porcentagem de "sangue africano"? Claro está que a cor da pele, a consistência do cabelo e outros traços raciais característicos, hoje em dia totalmente mutáveis (e Michael Jackson é apenas uma ilustração-limite disso), deixam na poeira do tempo aquela distinção traduzida na velha (e preconceituosa) marchinha carnavalesca *O Teu Cabelo Não Nega*. É até difícil de imaginar qual teria sido o método científico utilizado pelo professor Paulo Sérgio Pinheiro para detectar, com precisão, o porcentual de descendentes de negros nas universidades...

Se as características físicas e as porcentagens de participação de etnia negra são hoje dificilmente detectáveis, será que a verificação oficial da origem racial do cidadão – para enquadrá-lo na "cota racial" – se daria pelo exame de sua ascendência familiar? Seria o caso de saber se seus pais, avós, bisavós e outros antepassados pertenceram à raça negra? Nesse caso, teríamos no Brasil um medonho revival das Leis de Nuremberg – inspiradas nas teorias do ideólogo racista do nazismo, Alfred Rosenberg –, que buscavam estabelecer com precisão "científica", até várias gerações, quem era e quem não era judeu.

Imagine-se, agora, que um cidadão passe num concurso para o serviço público federal, ou seja contratado para uma empresa prestadora de serviços para a administração, ou entre numa faculdade, ou participe do elenco de uma novela de televisão, graças ao fato de ser enquadrado na cota destinada aos "afro-descendentes". E se for descoberto, depois, que sua pele escura se deve ao fato de ser descendente de indianos? E se algum preterido comprovar que o candidato, que era considerado cafuzo (mestiço de negro com índio, portanto, com direito à cota), não passa de um mameluco (mestiço de branco com índio, portanto, sem direito à cota)? Tal cidadão seria demitido do serviço público, ou expulso da universidade, ou teria seu personagem antecipadamente assassinado na novela, em razão do falseamento de etnia?

E por falar em índios, por que cargas d'água os indígenas brasileiros e seus descendentes, que foram igualmente violentados em seus direitos humanos durante séculos – afora terem perdido para os brancos e mestiços, de múltiplas nacionalidades, o imenso território nacional –, não mereceriam o mesmo tipo de "cotas"? Quando se diz que esse tipo de "política compensatória" já é praticado há muitos anos nos EUA – sem se explicar direito em que estados e em que circunstâncias –, faz-se uma comparação entre realidades sociais e históricas bem diversas, no campo da integração, do grau de segregação, dos conflitos e dos preconceitos raciais. E, nesse campo, os norte-americanos nem sempre nos podem dar os melhores exemplos de *modus faciendi* integracionista, mesmo admitindo que no Brasil também exista muito preconceito racial – assim como regional, social e de tantos outros tipos.

Por outro lado, a comparação das "cotas raciais" com as preferências estabelecidas em favor de deficientes físicos, aqui e lá (*handicaps*), é de uma estultícia que dispensa comentários.Essa política de "cotas raciais" pode desqualificar a imagem, profissional e intelectual, de servidores públicos, estudantes ou artistas negros – pois estes estarão sujeitos à maledicente insinuação de que não teriam obtido sucesso sem o favorecimento compulsório. Dessa forma, em tempos de grande competitividade e disputa por postos de trabalho, as "cotas raciais" poderão representar um perigoso estímulo ao preconceito. E, o pior é que, sob o pretexto de favorecer (materialmente) uma comunidade injustiçada, essa política lhe fere os valores maiores, do orgulho e da dignidade.

QUEREM GUERRA RACIAL NO BRASIL?

A idéia, que é uma tremenda demagogia iniciada no governo FHC, implantada nos governos estaduais de ACM e Garotinho e, agora, prestes a se tornar um dos deslumbramentos do governo Lula, tem a clara intenção de ser "politicamente correta" mas, no fundo, é cultural e socialmente desastrosa, para um país com nossa forte, rica e inigualável miscigenação racial. O estabelecimento de cotas raciais preferenciais para negros e pardos – ou "afrodescendentes" –, seja na seleção de candidatos à universidade, seja nos concursos para a administração pública, seja na participação (mínima de 25%) em programas de TV, novelas e filmes, ou de (mínima de 40%) em anúncios de publicidade (conforme projeto de lei em tramitação no Congresso, já aprovado na Comissão de Ciência e Tecnologia, Comunicação e Informática da Câmara dos Deputados), além de ser uma aberração constitucional, é uma ruptura brutal do critério do mérito, que deixa em frangalhos a motivação do esforço pessoal do aprendizado e avilta o valor do conhecimento – para brancos, negros, pardos, amarelos, cidadãos de quaisquer cores e raças.

Na verdade, o belo título de "política compensatória", não passa de uma ultrajante lambuja, ofertada pelos que desprezam a probabilidade – largamente demonstrada, em todos os campos de atividade – de os negros vencerem graças aos próprios méritos e aos próprios esforços, sem a condescendência, que é filha da arrogância (branca), em que pesem os preconceitos que, junto a outras minorias, os negros têm enfrentado. E essa política, que não " compensa" nada – porque fere aquilo que está sobre quaisquer aparentes vantagens materiais, que é o orgulho moral – também escamoteia a questão primordial, que é a má qualidade de todo o ensino público que precede o universitário, assim como reflete o desprezo crônico com que se encarou, por décadas a fio, a responsabilidade de levar educação às camadas de menor poder aquisitivo da sociedade, independentemente de quaisquer etnias. Fala-se muito que essa "política compensatória" foi adotada, com êxito, nos Estados Unidos. Não é bem assim, além de a realidade "racial" dos dois países ser inteiramente diferente.

O sistema de reserva de cotas para ingresso de minorias étnicas nas universidades norte-americanas foi proibido – por inconstitucionalidade – por decisão da Suprema Corte, em 1978. Lá não há lei alguma que condicione o livre rol de "preferências" de cada instituição de ensino, na escolha de seus alunos. Elas podem optar por dar melhor pontuação, nas seleções (que não são vestibulares), aos grupos que lhes aprouverem. Podem preferir, por exemplo, os melhores atletas, ou os que falam melhor espanhol, ou os tiraram melhores notas no colégio, ou os que serviram na guerra mais recente – e lei alguma impedirá essa livre (ou estúpida) escolha. Por outro lado, os norte-americanos não têm lição alguma a nos dar, em termos de integração racial. Em 1958, ainda existiam tabuletas de "white" e "coloured" em banheiros de lanchonetes da própria Washington (como um garoto brasileiro que então lá estudava – eu mesmo – pôde testemunhar, horrorizado). E afora a circunstância de a sociedade norte-americana não mostrar, nem remotamente, um grau de miscegenação semelhante à nossa, as brigas raciais urbanas, os violentos *riots,* lá ainda são muito freqüentes, em diversas cidades, tanto quanto os movimentos organizados (até legalizados) em favor da supremacia branca, as manifestações públicas de ódio racial, o livre uso de símbolos nazistas e outros horrores dos quais no Brasil, felizmente, ainda estamos livres.

Quanto à identificação de quem é negro – ou pardo –, no Brasil, apto a usufruir da cota preferencial para entrar na universidade, por mais que se quebre o bestunto em "reuniões" para se chegar a uma "solução", não há como escapar de duas possibilidades: Ou se admite a autodefinição – o que permite o absurdo da fraude "incontestável", pois ninguém terá o direito dizer que não é negro nem pardo quem negro ou pardo se considera – ou se parte para o absoluto ridículo da definição "científica", o que só poderia ser feito com a exumação das "teorias" racistas de Alfredo Rosenberg – transformadas nas leis de Nuremberg – que chegavam à definição de judeu pelas características físicas e traços de ancestralidade. (Seria o caso de recorrer-se, hoje, a exames de DNA?) Mesmo assim, como evitar a gritante injustiça de não dar aos mamelucos (filhos de brancos com índios) o mesmo direito dado aos cafuzos (filhos de negros com índios) se as duas minorias foram historicamente expoliadas e maltratadas – a dos índios quase exterminada – pelos brancos?

A propósito da "culpa " histórica, da sociedade brasileira, em relação aos descendentes dos africanos que foram escravos no Brasil – e este seria um dos principais argumentos em favor da "política compensatória" das cotas –, é preciso indagar até que ponto os jovens vestibulandos de hoje devem se sentir responsáveis por essa "dívida social", especialmente se considerarmos que a maior parte deles descende de imigrantes (europeus, asiáticos e de todos os cantos do mundo), cujos ancestrais apenas substituíram o trabalho escravo, em nosso País – jamais o exploraram. Então, se duas meninas de classe média da Zona Sul do Rio (como aconteceu, há dias), uma branca e outra negra, ambas tendo estudado na mesma escola, pagando a mesma mensalidade de R$ 600,00, prestaram exame vestibular para desenho industrial na Uerj[*] – com 36 vagas –, tendo a aluna negra obtido nota 53, ficando colocada em 168º lugar, mas graças às cotas aprovada em 9º lugar, enquanto sua colega branca, que tirou nota 79 e ficou em 10º lugar, não conseguiu entrar na faculdade – como explicar a exclusão da que teve melhor desempenho, apenas por uma "dívida social" da qual ela, nem de longe, pode se sentir herdeira?

Comenta-se agora que, por determinação do presidente da República, o ministro da Justiça anda à cata de dois juristas negros para preencher as próximas vagas do Supremo Tribunal Federal. Como se sentirão esses ilustres profissionais do Direito, ao saberem que sua cor e sua raça terão sido muito mais importantes – do que seus conhecimentos e experiência jurisdicional – para a conquista do elevado cargo público? E quem lhes perguntou se desejam essa ultrajante lambuja, que lhes marcará o resto das carreiras?

---

[*]. Universidade do Estado do Rio de Janeiro.

CRIANÇA, TV, LEI E BOM SENSO

O saudoso Franco Montoro, que, além de político íntegro e competente, foi um mestre da Introdução à Ciência do Direito, gostava de contar esta ilustrativa historinha: numa estação de trem paulista havia uma placa onde estava escrito "é proibido viajar com cães". Um dia, um passageiro tentou viajar com uma cabra, foi barrado pelo chefe da estação e protestou, pois não estava com nenhum cão. Outro dia, outro passageiro conseguiu viajar – com a permissão do chefe –, mesmo levando um cachorro. Tratava-se de um cego com seu guia. Nos dois casos, dizia Montoro, a norma foi desrespeitada, em sua acepção literal, mas em ambos foi integralmente obedecida, quanto a seu espírito.

O Estatuto da Criança e do Adolescente – Lei nº 8.069, de 13 de julho de 1990 – diz, literalmente, em seu artigo 60: "É proibido qualquer trabalho a menores de 14 (quatorze) anos de idade, salvo na condição de aprendiz". Como não tem sentido afirmar que um bebê que participa de filmes publicitários ou de novelas de televisão faz trabalho de aprendiz, pode-se dizer que, ao pé da letra da lei, essa participação é proibida. Da mesma forma, a criança seminua, descalça, no frio, que pede esmola no semáforo, não infringe o estatuto, porque não está "trabalhando", nem como "aprendiz" – a não ser, talvez, como aprendiz de bandido.

É claro que o promotor e o juiz que geraram toda essa celeuma ao impedirem a participação de menores nas novelas da Rede Globo leram o texto literal da lei, não entenderam seu espírito e agiram de forma oposta à do bom senso empregado pelo chefe da estação: por eles, as cabras viajariam, mas os cães-guias dos cegos jamais entrariam no trem. É claro, também, que a classe artística brasileira tem carradas de razões históricas para sentir arrepios e alergias galopantes ante o menor indício do que possa parecer censura – e a Globo é suficientemente esperta para dar a máxima divulgação às manifestações anticensórias do gênero, que tão diretamente lhe interessam. É preciso, no entanto, aproveitar esta boa oportunidade para discutir, no campo da comunicação social, certas discrepâncias entre os valores mais caros à sociedade e as normas que institucionalizamos, para defendê-los. Por um lado, a Constituição (artigo 5ª, IX) diz, literalmente, que "é livre a expressão da atividade intelectual, artística, científica e de comunicação, independentemente de censura ou licença". Por outro, ressalta (artigo 5º, X) que "são invioláveis a intimidade, a vida privada, a honra e a imagem das pessoas, assegurado o direito a indenização pelo dano material ou moral decorrente de sua violação". Por um lado, a Constituição (artigo 220) diz, literalmente, que "a manifestação de pensamento, a criação, a expressão e a informação, sob qualquer forma, processo ou veículo, não sofrerão qualquer restrição...", mas, por outro, estabelece (artigo 221) que "a produção e a programação das emissoras de rádio e televisão atenderão aos seguintes princípios: (IV) – "respeito aos valores éticos e sociais da pessoa e da família". Indo além, o texto constitucional determina (artigo 220, § 3º, II) "compete à lei federal estabelecer os meios legais que garantam à pessoa e à família a possibilidade de se defenderem de programas ou programações de rádio e televisão que contrariem o disposto no art. 221" (ou seja, os "valores éticos e sociais da pessoa e da família"). Na realidade, assistimos todos os dias e em muitas emissoras de televisão ao mais deslavado desrespeito aos valores éticos e sociais, da pessoa e da família, assim como a abusivas violações da intimidade, da vida privada e da imagem das pessoas. E nisso se misturam enlatados, filmes de baixo nível e violência descomunal, programas do tipo "mundo cão", reportagens policiais, novelas, programas de auditório e até a generalizada moda das "pegadinhas", que expõem as pessoas à ansiedade, ao pânico, ao ridículo e à humilhação, sob sádicas risadas gerais, como se a desgraça do próximo fosse a fonte máxima de alegria (numa dessas vimos moças desesperadas, trancadas num quarto, gritando por socorro, enquanto a fumaça entrava no aposento, depois de fortes explosões).

Em vista de tudo isso se torna um especial contrasenso impedir que participem de cenas de novelas crianças bem cuidadas, assistidas pelos pais, por psicólogos e tudo o mais. É evidente que uma criança não pode entrar numa cena violenta – e é pueril o argumento "dramatúrgico", segundo o qual isso precisa ser feito "porque a realidade é assim mesmo". Não é por aí, não se pode sacrificar a integridade da criança pelo êxito artístico – assim como em nenhum país culturalmente desenvolvido se sacrifica a ética pela estética.

Para saber o que a criança pode fazer, como artista ou figurante, ou assistir na TV, como simples telespectadora, é preciso, antes de mais nada, usar todo o bom senso – como o chefe da estação do Montoro – para conciliar a expressão, livre de censura, com o respeito aos valores da pessoa e da família. E nisso é a própria sociedade que tem de se envolver – muito mais do que o governo ou os Poderes de Estado –, pressionando os veículos e seus patrocinadores, como se faz nas melhores democracias.

SEMANA SEM MATANÇA NA TV

Sílvio: Mas que surpresa, doutor Roberto! Como tem passado? E dona Lily?

Dr. Roberto: Estamos muito bem, obrigado.

Sílvio: Estimo. Eu o vi na estréia do Jô e o achei muito bem mesmo, jovem, disposto...

Dr. Roberto: Não exagere, Sílvio, os anos pesam. Receio que daqui a alguns anos talvez eu precise reduzir um pouco minhas atividades, delegando algumas decisões para os filhos...

Sílvio: Isso é o que é mais difícil... Mas, a propósito do Jô, doutor Roberto, aproveito para cumprimentá-lo e reconhecer que ele está muito melhor...

Dr. Roberto: Aos poucos ele vai pegando o jeito da casa...

Sílvio: Também, com todos os seus artistas e o estoque dos programas antigos... Mas o formato ainda é o nosso... Ah! Ah! Ah!...

Dr. Roberto: Também quero cumprimentá-lo pela manutenção da grande audiência.

Sílvio: Muito agradecido. Vindo de sua parte...

Dr. Roberto: Mas o motivo do meu telefonema...

Sílvio: "Pois não, doutor Roberto, a que devo a honra?

Dr. Roberto: Sílvio, eu hoje tive uma idéia que, antes de discutir com meu pessoal, precisava falar com você. Porque só funcionará se fizermos isso juntos.

Sílvio: Juntos?! O senhor se refere a uma parceria?!...

Dr. Roberto: É...Talvez pudesse chamar-se assim...

Sílvio: Doutor Roberto, sempre achei que a idéia de uma parceria nossa, em qualquer produção, seria fantástica. E por um motivo óbvio: se, juntos, já temos metade da audiência, imagine o faturamento que...

Dr. Roberto: Não, Sílvio, não se trata de produção conjunta...

Sílvio: Então, o senhor se refere à expansão conjunta das redes ou...

Dr. Roberto: Não, também não se trata disso. Deixe-me explicar primeiro como surgiu a idéia e você vai logo entender.

Sílvio: Pois não, doutor Roberto, sou todo ouvidos.

Dr. Roberto: Nós temos uma sessão de cinema toda noite, durante a qual os telespectadores votam para escolher o filme da noite seguinte.

Sílvio: É o Intercine. Começou com três opções, ficou caro e vocês baixaram para duas.

Dr. Roberto: Você assiste?!

Sílvio: Também tenho um caso de amor com vocês... Ah! Ah! Ah!...

Dr. Roberto: Claro que você sabe que é uma pesquisa...

Sílvio: Para saber o tipo de violência que o público prefere... Ah! Ah! Ah!

Dr. Roberto: Infelizmente, acabou virando isso mesmo, Sílvio. Tenho acompanhado, nos últimos dias, e sempre ganha o filme mais violento, mais agressivo, em que morre mais gente. Às vezes um filme ótimo perde para uma tremenda porcaria, só pelo fato de esta conter mais matança.

Sílvio: É o final dos tempos, doutor Roberto...

Dr. Roberto: Segunda- feira, por exemplo, perdeu aquele maravilhoso filme, que conta a história do Glenn Miller...

Sílvio: *Música e Lágrimas*, com James Stewart e June Allison.

Dr. Roberto: ...perdeu para uma idiotice que só tinha violência...

Sílvio: *O Guerreiro da Estrela Polar*. Não comprei porque é muito ruim.

Dr. Roberto: Pois é. E, mesmo assim, foi o preferido do público. Achei essa preferência absurda e fiquei pensando... Será que nós já estragamos tanto o gosto das pessoas?

Sílvio: Que é isso, doutor Roberto? Nós temos boa qualidade de programação. A RAI é muito pior.

Dr. Roberto: Mas eu não me conformo em negar-se à juventude a oportunidade de ver tantas coisas boas, obras clássicas...

Sílvio: Bem, doutor Roberto, os jovens têm a oportunidade de ouvir música clássica e programas intelectuais nas TVs educativas, na Cultura...

Dr. Roberto: Eu não entendo por que só passamos os melhores filmes na alta madrugada. Um dia destes, acordei mais cedo, às 4 da manhã, fui ver o que estávamos passando e revi, no Corujão, um dos melhores musicais do Fred Astaire, aquele com uma dançarina belíssima, pernas bem longas, maravilhosas...

Sílvio: *Roda da Fortuna*, com a Cid Charisse. Não dá ibope.

Dr. Roberto: Mas, Sílvio, minha preocupação maior é com a violência. Muitos têm afirmado que uma das causas do aumento da violência são nossos filmes, com muitos assassinatos... O Covas chegou a contar o número de mortos por filme, cada noite...

Sílvio: Acho que ele deveria contar mais o número de policiais na rua... Ah! Ah! Ah!

Dr. Roberto: Em parte, ele tem razão, Sílvio. Nossos filmes estão banalizando muito a vida humana, mostrando uma violência desmedida, desenfreada e gratuita. Isso não pode fazer bem à juventude. E o problema é que isso vai acabar criando uma revolta no próprio público, o que, juntamente com a atração irresistível da internet, é capaz de reduzir a audiência das grandes redes.

Sílvio: Bem, doutor Roberto, agora o senhor tocou num ponto preocupante...

Dr. Roberto: É preciso mudar isso.

Sílvio: Mas como, doutor Roberto?

Dr. Roberto: Minha idéia é lançarmos a campanha Semana sem Matança na TV. Durante sete dias não exibiríamos nenhum filme que contivesse assassinatos...

Sílvio: Impossível! Não temos esses filmes... Nem há tempo de...

Dr. Roberto: Poderíamos até lhe emprestar alguns... O importante é ver se o ibope cairia nessa semana. Aí veríamos se o público quer ou não quer violência.

Sílvio: E as outras redes não vão se aproveitar?

Dr. Roberto: Creio mais que nos vão imitar.

Sílvio: Morte natural pode, mesmo em quantidade, do tipo "disaster movie"?

Dr. Roberto: Se não tem assassinato...

Sílvio: Topo tudo, sem pôr dinheiro. Quando vamos começar? Você decide! Ah! Ah! Ah!...

TELEVISÃO E GOSTO PÚBLICO

Pode-se achar questão semelhante à da precedência do ovo ou da galinha o problema do baixo nível de grande parte dos programas de televisão no Brasil: as emissoras de TV oferecem suas baixarias porque o povo gosta disso ou o povo se acostuma a gostar dessas porcarias porque é isso que boa parte das emissoras lhe oferece? É claro que essa disjuntiva não se resolve pelos sistemas de aferição da receptividade de cada programa, ou pela simples medição de audiência – por meio de uma "pontuação" voluptuosamente buscada, da qual se deduz o valor do patrocínio comercial ou do apoio cultural. Também pode ser bem discutível o critério pelo qual se julga bom ou ruim determinado programa – dentro do velho princípio latino segundo o qual *de gustibus et coloribus non disputandum.*

Mas será que não existe, mesmo, em nossa sociedade – e em todas as outras do mundo – um padrão *médio* de demanda de qualidade, tanto quanto uma apreciação *média* de valores (éticos e estéticos), que levam à preferência pelo que enaltece e ao repúdio do que avilta a espécie humana? E será que a oferta de criatividade, de boa informação, de crítica isenta e de bom nível de produção, nas programações das emissoras de televisão, não haveria de se tornar um fator de atração e captação de audiência, na medida em que contribuíssem para elevar o padrão médio de apreciação do grande público?

Antes de descambar para a conquista de audiência com base no sexo e na violência e, mais recentemente, no modismo imbecilizante dos *reality shows*, como o *Big Brother* – uma repetitiva e artificial competição pela fama sem causa –, a Rede Globo conquistara sólida liderança de audiência graças ao que denominava "padrão Globo de qualidade". Apesar de já ter produzido excelentes novelas – e ter no ar uma ótima minissérie, (*Um Só Coração*), onde é visível a mão talentosa da dramaturga Maria Adelaide Amaral –, a Rede Globo está longe de preservar o padrão de qualidade que já foi sua *trade-mark* por muitos anos. No geral, a rede líder de televisão no País, parece hoje só acreditar no sensorialismo superficial, epitelial, e não na capacidade de raciocínio, de discernimento, de preservação de valores e de bom gosto da sociedade brasileira. Para dar só um exemplo: Se a Globo tivesse insistido na programação (entre 1994 e 1996) dos concertos internacionais, inteligente e elegantemente apresentados pelo maestro Diogo Pacheco, em quanto não teria sido elevado o padrão médio de demanda de qualidade (televisual) da sociedade brasileira, com natural reflexo na audiência – que já era muito boa, naqueles programas?

Em termos de aposta no discernimento, na capacidade de raciocínio, na demanda por qualidade e na elevação do gosto público, quem dá hoje o melhor exemplo, sem dúvida, é a TV Cultura, particularmente com o seu novo *Jornal da Cultura*, das 21 horas. Talvez esteja sendo a primeira real inovação – em termos de conteúdo e forma – no telejornalismo brasileiro, desde a criação do *Jornal Nacional*, da Rede

218

Globo (que todos têm copiado, até em bobagens do tipo: um apresentador ficar olhando fixo para o outro, sem mexer a cabeça, enquanto o companheiro fala, ou a dos correspondentes que transmitem matérias de Londres, Paris ou Nova York para dar mais "credibilidade" a notícias vindas da China, do Oriente Médio ou da Austrália – o que reflete um espírito colonizado meio incompatível com a comunicação *on-line*...).

O novo *Jornal da Cultura* tem conseguido fugir da notícia-espetáculo e aprofundar o conteúdo da informação, esclarecendo o significado de temas – conceitos, entidades, sistemas, siglas – sobre o que todo mundo fala e não entende direito a que se refere, como funciona e para que serve. Por exemplo, o telejornal já explicou em linguagem simples e inteligível o que é – e como funciona – a chamada Escala Richter dos terremotos, o que é o FMI, o que significa "*superavit* primário", qual a real possibilidade de recuperar-se o dinheiro das contas de Maluf no exterior, quais as ligações entre o bingo e a máfia, como está sendo aperfeiçoada a falsificação de dinheiro no País, graças à tecnologia informática, como o governo derrotado de Aznar, na Espanha, pressionou os veículos de comunicação para que adotassem a tese (furada) da autoria da ETA[*] nos atentados de Madri – tudo explicado de forma clara e sucinta. As "marcações" de cena dos três apresentadores, a descontração com que comentam os assuntos – sem se esquecerem de um oportuno bom humor – as movimentações de câmera e os cortes rápidos, nas reportagens, criam um "espetáculo" no bom sentido – sem apelação –, que ajuda à absorção da notícia.

Por outro lado, é muito bom que a TV Cultura demonstre, em seu noticiário e em sua programação, em geral, uma completa independência em relação a governos e/ou partidos. Para os que não sabem ou não se lembram de que nem sempre houve essa independência, transcrevo aqui

---

[*]. Esquadrão Tático Armado.

parte de um artigo que escrevi nesta mesma página, há 22 anos, sob o título "TV-2: A Fraude Cultural", denunciando uma tentativa de "popularização" que, no fundo, não passava de mera manipulação político-eleitoral:

A popularização *ad hoc* da TV Cultura, nada mais é do que uma deslavada fraude cultural, tendo como único objetivo promover o governo e a imagem pessoal do sr. Salim Maluf, tal como tem feito, despudoradamente, o Canal 2, onde você é o patrocinador , isto é, todos nós, os escorchados contribuintes de São Paulo. Pois não se trata de outra coisa essa "briga pela audiência" da TV Cultura, que baixa o nível de sua programação, pretendendo agora, obcecadamente, atingir o *povão*, nem que para isso tenha que utilizar-se de programas tipo "mundo cão". Na verdade, de todos os descalabros desse atual governo paulista, nada é mais acintoso do que a apropriação, a usurpação de uma televisão de natureza essencialmente educativa.

Felizmente, hoje os tempos são bem outros – e a TV Cultura preserva sua independência, a ponto de poder apostar na elevação de padrão do gosto público. Que continue assim.

DE CARONA MORAL COM OS CAMICASES

Atentados têm propiciado tentativas (teóricas) de acerto de contas.

Dizia o poeta e ensaísta mexicano Octavio Paz (morto há três anos), em seu *Tiempo Nublado*, que os norte-americanos sempre sofreram "la envidia de los europeos, el resentimiento de los latinoamericanos y el rencor de los otros pueblos". A inveja, o ressentimento e o rancor – que, para Paz, traduzem uma espécie de admiração invertida, que testemunha a existência de um grande império – em parte decorrem de idealizações que as nações do mundo projetam na sociedade norte-americana. E, em parte, resultam do fato de os Estados Unidos, na "crise mundial da civilização", terem sofrido menos do que quase todas as outras nações os horrores e os estragos de nossa época:

Ainda que tenham passado por muitas vicissitudes e experimentado mudanças enormes, seus fundamentos políticos, econô-

221

micos e sociais permanecem intactos. A democracia norte-americana conseguiu corrigir, ainda que não totalmente, suas graves imperfeições, no campo dos direitos das minorias étnicas. Também é visível sua melhoria na esfera das liberdades individuais e no que diz respeito à moral e vida privadas. E, por último, os norte-americanos não conheceram o totalitarismo, não foram ocupados (por outras nações), não viram suas cidades destruídas, não passaram por ditaduras, fomes, desonra ou excesso de exação, como tantos povos.

Observa Octavio Paz.

Com certeza esses traços da sociedade norte-americana – que, sob o ponto de vista estritamente humano, não é melhor nem pior do que qualquer outra – despertam um tipo de animosidade que independe da própria crítica ideológica. Especialmente depois que os Estados Unidos se tornaram superpotência isolada, livrando-se da polaridade com a União Soviética, os sentimentos de inveja, de ressentimento e de rancor – que o escritor mexicano supunha distintos, conforme a relação de cada continente e/ou nação com a potência hegemônica – parecem ter-se acumulado, indistintamente, entre os povos do mundo contemporâneo. Nesse sentido, a tragédia de 11 de setembro tem propiciado mal disfarçadas tentativas (teóricas) de acerto de contas.

Cá entre nós, a idéia de que o megaatentado às torres gêmeas e ao Pentágono tenha representado um "confronto de civilizações" é parvoíce semelhante à suposição de que existiria uma "civilização do terror". E muitas outras bobagens têm sido ditas e repetidas à exaustão, geralmente precedidas da conjunção adversativa "mas" (ou "entretanto", "contudo", "todavia") em textos que pretendem fazer "análise histórica" dos atentados terroristas cometidos contra os Estados Unidos. Depois da condenação, até veemente, daquelas ações, e da sugestão (que parece até sincera) de que se punam os culpados, logo se desfia um rosário de motivos que, de maneira implícita, induziriam à "culpa da vítima". Mal comparando, é como se se tentasse explicar a atitude bestial de um violador invocando o comportamento leviano da violada ("ele é um monstro... mas, também, ela provocou...").

São observações do tipo: o atentado foi monstruoso... mas os Estados Unidos também apoiaram ditaduras sangrentas na América Latina, invadiram, ocuparam e anexaram países e fizeram "terrorismo psicológico" com muitos povos; morreram muitos inocentes... mas em Hiroshima, Nagasaki e com as bombas de napalm no Vietnã morreram muito mais. E o rol de erros, injustiças e malvadezas norte-americanas é apresentado num cardápio variado, sem necessidade de encadeamento. Pode ir da execrável Doutrina Monroe ao terrorismo contra a Nicarágua, do "retardamento" da criação do Estado Palestino à não-assinatura do Protocolo de Kioto, da preferência pelos próprios lucros financeiros – em lugar da batalha pela prosperidade de todos os povos do mundo – à falta de uma política de combate à produção de armamentos, e assim por diante. Todos dizem que, ao apontar os equívocos, o egoísmo, a arrogância ou a omissão da maior potência, não pretendem, de forma alguma, justificar a ação terrorista em seu território. Certamente, justificar não justificam, mas de toda a forma pegam uma "carona moral" com os que julgam que os Estados Unidos merecem uma grande punição, por todos os seus erros...

Na verdade, a simples menção da parcela de "culpa da vítima" pelo crime monstruoso que acabou de sofrer – mesmo que haja procedência nessa menção, como é o caso da responsabilidade norte-americana na criação de Osama bin Laden – é uma cobrança, em hora errada, que revela prévia (ou crônica) animosidade.

Se fosse possível assegurar que a pressão da opinião pública mundial tivesse alguma influência decisiva na esperada reação do governo norte-americano à imensa agressão sofrida – e este, sem dúvida, seria o melhor dos cenários –, é claro que toda a concentração, dos povos e governos do mundo, deveria ser no sentido de persuadir a grande potência a refrear seus ímpetos de vingança, poupar os inocentes e dosar suas ações punitivas aos grupos terroristas e Estados que lhes dão apoio, especialmente abstendo-se de utilizar "qualquer tipo de arma" – pois o discurso pronunciado anteontem por George W. Bush, no Congresso, insinuava a assustadora possibilidade de uso de armas nucleares. Igualmente legítima seria a pressão pública internacional – esta mais utópica, é claro – para que as autoridades diplomáticas, administrativas e policiais norte-americanas não exagerem seus controles internos, de forma a pôr sob suspeita todos os estrangeiros em situação irregular – e tal endurecimento é previsto, especialmente porque as pesquisas mostram que altíssima porcentagem de cidadãos norte-americanos está disposta a abrir mão de suas consagradas liberdades em prol da segurança.

De qualquer maneira, tais necessárias pressões, da opinião pública internacional, de maneira alguma serão fortalecidas e se tornarão mais eficazes se a elas se incorporar a extemporânea cobrança dos que parecem chegar de carona moral com os camicases.

SUCESSO É OFENSA PESSOAL

Quem não suporta o sucesso alheio jamais perde a chance de tentar atrapalhá-lo

A destruição completa das torres gêmeas, símbolo notório da prosperidade norte-americana, entre outras coisas mostrou a capacidade demolidora do olho gordo. Bryan Appleyard, em artigo no *The Sunday Times* (reproduzido pelo *Estado*), detalhou com exemplos atuais o que já dizia o pensador mexicano Octavio Paz quanto à generalizada inveja que sempre despertaram os Estados Unidos da América – a ponto de, em razão da tragédia de 11 de setembro, ter vindo à tona uma explosão de ressentimentos contra a democracia que há muito está no topo (institucional, econômico, social, científico, tecnológico e até cultural, queira ou não a *intelligentsia*) do planeta, com todo o volume colossal de narizes torcidos e cotovelos doídos que pode despertar tal privilegiada situação. Na raiz desse ódio, que levou à tentativa de "culpar" a vítima, está a repulsa ao acúmulo de qualidades alheias. E ela vem daqueles – como diz Appleyard – que "não podem suportar a possibilidade de alguém ter força ou beleza e também cérebro".

Sem dúvida, hoje parece mais atual e universal do que nunca – porque se aplica a pessoas de todos os lugares do mundo – a famosa observação do gênio da música popular brasileira, Tom Jobim (que dá título a este artigo). Pois, tanto numa hecatombe mundial quanto em fatos corriqueiros da vida, pode transparecer esse "mal secreto" (bem pesquisado, recentemente, em livro do jornalista e escritor Zuenir Ventura) capaz de produzir estragos em todos os campos de atividade e nas mais diversas situações. Tom Jobim, um boêmio profissional, deixou de freqüentar os bares pelo fácil acesso que estes propiciavam aos inconformados com seu sucesso – e que o incomodavam, insistentemente.

Para muitos não é difícil, penoso ou sacrificante aproximar-se de quem está muito mal para prestar "solidariedade humana" – ao contrário, isso pode até resultar em indisfarçável "prazer". Mas difícil, penoso e sacrificante – embora, com certeza, isso jamais possam confessar – será aproximar-se de quem está muito bem, para sentir os eflúvios benéficos de seu sucesso. E aqueles que não suportam o sucesso alheio – especialmente porque são irrealizados ou estão de mal com a vida – jamais perdem a oportunidade de tentar atrapalhá-lo, mesmo sabendo-se sem poderes para tanto, pois, no caso, a manifestação de maldade pode até ter o efeito de proveitoso desabafo catártico.

Dois fatos recentes, aparentemente sem importância e que nem de longe demonstram relação alguma com atentados terroristas (embora, sob o ponto de vista estritamente filosófico, não deixem de ter...), servem de boas ilustrações desse rotineiro "mal secreto", que aflige tantos seres humanos no mundo. Vamos a eles.

O médico Gérard Saillant, badalado cirurgião francês que operou, no ano passado, o joelho direito do jogador Ronaldo e acompanhou de perto toda a sua recuperação, garantiu que, na última avaliação, feita no Hospital de La Salpetrière, em Paris, foi verificado que Ronaldo tem as mesmas condições de antigamente, antes de ser submetido à cirurgia. "O garoto está com a potência muscular restaurada; o joelho, impecável, sólido, livre das dores e apto a reeditar aqueles arranques impressionantes", afirmou categoricamente o médico francês. Mas, contrariando frontalmente tal positivo diagnóstico, especialistas brasileiros – que, ao que consta, não examinaram o jogador para fazer suas avaliações – se apressaram em dizer que "joelho operado nunca mais volta a ser o mesmo, nunca fica totalmente bom", ou que para o jogador "o melhor possível não pode ser em condições plenas", em razão das cirurgias que sofreu, e coisas desanimadoras do gênero. Certamente aí existe uma dupla "ofensa pessoal": uma decorre do sucesso que é a própria figura do jovem, rico e talentosíssimo jogador, que em forma já foi considerado, mais de uma vez, o melhor do mundo; outra é causada pelo sucesso do badalado cirurgião que realizou a (bem-sucedida) operação. Isso é um insuportável acúmulo.

A talentosa dramaturga Leilah Assunção lançou uma nova peça – *Intimidade Indecente* –, com os excelentes atores Irene Ravache e Marcos Caruso, que se transformou, imediatamente, num estrondoso sucesso. O processo de identificação e de interação do público com o espetáculo vai ao ponto de os atores ouvirem da platéia respostas às suas falas, como se todos – do palco e da platéia – participassem, naturalmente, do mesmo diálogo. E a peça, com magistral carpintaria, capaz de despertar uma avalanche de riso e emoção, enquanto trata – em profundidade – de uma bela relação homem-mulher ao longo de toda uma vida, conduz os que a assistem a um momento especial de prazer estético. Pois bem, um crítico escreveu um texto sobre essa peça que é um verdadeiro recibo passado da "ofensa pessoal" que sentiu ao assisti-la. Foi até comovente ler, nas entrelinhas de seu texto, o sofrimento de quem tinha de suportar aquele sucesso (especialmente sabendo-se que tal crítico também é autor, de obras de tema único – relações eidéticas – que nunca obtiveram êxito):

> À custa de perseguir um estilo moderno, Leilah Assunção adotou uma atitude ligeira. Indica, sem analisar, os contornos do problema de que trata. [...] Ela não sai da superfície de seu tema. O desgaste da convivência conjugal, assunto fascinante, foi mote na história do teatro para estudos magníficos do comportamento humano... *Intimidade Indecente* está anos luz aquém desses modelos", tudo isso disse o crítico sobre o espetáculo, tendo, porém, de admitir, a contragosto – e com visível dor – que "os espectadores se rendem a ele, encantados.

A propósito, julgadores e analistas excepcionais de espetáculos, como Sábato Magaldi e a crítica do *Estado* Mariangela Alves de Lima (a mais respeitada pela classe teatral), não devem apenas ao próprio talento da escrita e ao grande conhecimento da arte cênica a qualidade de seus trabalhos críticos, mas também à circunstância de serem pessoas de bem com a vida – e, por isso, capazes de entender em essência, por exemplo, a riqueza e a beleza de uma relação homem-mulher (como a mostrada na peça da Leilah).

E eis aqui as torres gêmeas capazes de atrair o mais furioso "mal secreto" do olho gordo: a dupla circunstância de, além de se ter talento, estar de bem com a vida – pois isso é insuportável, especialmente para os que não têm um coisa nem estão com a outra (em qualquer lugar do mundo).

IMPUNÍVEIS BESTAS-FERAS

Quem terá sido o responsável pelo corte do artigo 56 do texto original do Código de Trânsito Brasileiro, que proibia a passagem de motocicletas pelos espaços entre os veículos, nas ruas e avenidas? Que justificativa deu? Pois quem fez isso transformou até funcionários corretos e responsáveis – como os saudosos *office-boys* – em pessoas detentoras do privilégio de um caminho "virtual", sem limites estabelecidos, a não ser a própria habilidade de "costurar" no trânsito congestionado. Criou formidáveis rotas de escape, tanto para infratores do próprio trânsito quanto para bandidos de toda espécie (como os que assaltam os carros em dupla, saindo o da garupa da moto para levar o carro roubado). E dessa maneira propiciou o surgimento de uma categoria de impuníveis bestas-feras, que todos os dias aterrorizam os cidadãos, especialmente os que habitam grandes cidades, como São Paulo.

Foi dessa categoria dos "donos" de "caminhos privilegiados" – que se acostumaram a ficar livres da insuportável lerdeza do trânsito e suas sufocantes paralisações (a que estão submetidos todos os motoristas), e ficam furiosos se algum distraído lhes estreita a passagem – que saiu aquele que atropelou e covardemente deixou de socorrer um cidadão criativo, talentoso, sensível, amante das coisas boas da vida e tão admirado, como o músico Marcelo Fromer, que, no entanto, foi apenas mais uma das milhares de vítimas anuais, derrubadas como se fossem pinos nas pistas de boliche de motoqueiros em que se transformaram muitas das ruas e avenidas de São Paulo.

Mas, além da absurda permissão legal para a "costura" dos motoqueiros, há um outro fator de estímulo ao revoltante desrespeito à integridade e à vida das pessoas, praticado por essas bestas-feras urbanas: trata-se do tipo de capacete oficialmente adotado, que funciona como verdadeira máscara (geralmente escura, como antes não se permitia), a impedir a identificação do motoqueiro. Pensou-se na proteção máxima da cabeça de quem circula numa motocicleta, mas não se pensou na proteção dos cidadãos que tenham de enfrentar sua "invulnerabilidade" nas ruas.

Há muito tempo as estatísticas provam que até pacatos cidadãos, tornando-se não identificáveis, se sentem como que dotados de superpoderes – é comum a fantasia infantil de "virar invisível" para poder "fazer tudo". Não é sem motivo que a base de toda a investigação criminal é a identificação. No entanto, nem as perigosas gangues de motociclistas que se vêem em filmes norte-americanos conseguem externar sua agressividade sob a proteção de máscaras perfeitas, como são os capacetes, de uso obrigatório, dos motoqueiros brasileiros. Na verdade, o rosto escondido pelo capacete se torna a melhor garantia de impunidade para qualquer manobra temerária, irresponsável ou criminosa no trânsito.

Pelo reduzido tamanho das plaquetas e por sua localização – apenas na parte traseira –, também é difícil a identificação das motos, especialmente quando em velocidade e à noite. Além de não identificáveis, são elas inalcançáveis

230

(a não ser por outra moto), pela facilidade com que podem passar sobre calçadas, atravessar empecilhos de retorno nas avenidas, fugir na contramão nas pistas e escafeder-se por quaisquer quebradas, becos e até passarelas de pedestres.

Na guerra do trânsito das grandes cidades, entre os "combatentes" motoristas – de carros particulares ou de aluguel, pertencentes a pessoas físicas ou a empresas, de ônibus, caminhões, caminhonetes, utilitários ou o que mais seja – não parece haver solidariedade, embora surjam testemunhas isentas em casos de acidente. Mas entre os motoqueiros há sempre uma cumplicidade cega, incondicional, imediata e numerosa, que nos acidentes não mantém relação alguma com a veracidade dos fatos, isto é, não se importa ao mínimo com quem tenha ou deixe de ter culpa. Se um motoqueiro esbarrar num carro e cair – mesmo que tenha dado notória causa ao acidente –, de imediato surgirão no local, como num passe de mágica, dezenas de outros, esbravejando, ameaçando ou agredindo o motorista – ou tentando estragar seu carro. E é claro que, se a situação chega às lamentáveis "vias de fato", o motorista espancado terá poucas condições de reagir contra quem tem a cabeça protegida por material mais duro que o dos elmos medievais.

Qual o jeito de fazer os motoqueiros respeitarem o próximo no espaço público e de acabar com esse terrorismo cotidiano, imposto aos cidadãos e às famílias que, simplesmente, transitam como pedestres, motoristas ou passageiros, nas ruas das grandes cidades, usufruindo de seu sagrado direito de ir e vir, sem a tensão de, a qualquer momento, serem castigados por um veloz mascarado sobre duas rodas?

Antes de mais nada, é preciso restabelecer o artigo 56 do texto original do Código de Trânsito Brasileiro, acabando com as "vias temporárias", formadas entre os veículos a cada fechamento de semáforo, das quais os motociclistas se julgam senhores absolutos. Em segundo lugar, é preciso se modificar o modelo de capacete adotado para os motociclistas, para que estes não mais funcionem como máscaras. Na verdade, é preciso entender que, por mais importante que seja proteger a cabeça dos que andam de moto, mais importante ainda será proteger o conjunto dos outros cidadãos contra pessoas com máscaras, de difícil identificação e capazes de lhes causar sérios danos.

E o que fazer para impedir que, aproveitando-se da velocidade e da possibilidade que têm as motos de livrar-se da perseguição de quaisquer carros, os transgressores da lei, e especialmente os assaltantes, possam continuar nelas escapando, tranqüilamente, da repressão policial? A única solução, no caso, seria a Polícia Militar organizar esquadrões de bem treinados motociclistas, com máquinas capazes de perseguir infratores e/ou bandidos motoqueiros. Seria isso tão impossível?

COMO SE CRIARAM AS BESTAS-FERAS

Dispunha o artigo 56 do texto original do Código de Trânsito Brasileiro (Lei 9.503, de 23/9/1997): "É proibida ao condutor de motocicletas, motonetas e ciclomotores a passagem entre veículos de filas adjacentes ou entre a calçada e veículos de fila adjacente a ela". Esse dispositivo repetia uma restrição comum ao trânsito de motocicletas nos países civilizados, expressa os dizeres: "Riding between lanes prohibited." Traduzia, acima de tudo, a tendência moderna e universal de fazer prevalecer sempre, nas disputas do espaço público urbano, a segurança de todos sobre a comodidade de alguns, e o interesse coletivo sobre o individual. Ao vetar o artigo 56 do código, aceitando a justificativa, absolutamente falsa, de seu ministro da Justiça de então – Íris Rezende – no sentido de que esse tipo de "agilidade de deslocamento" das motos, entre os carros, era regra geral no mundo inteiro (quando, como veremos, na realidade é exatamente o oposto), o presidente Fernando

Henrique Cardoso criou, num curto espaço de tempo (quatro anos), uma categoria de cidadãos que se julga dona absoluta, *erga omnes*, de caminhos "virtuais" indefiníveis, variáveis, balizados apenas por suas próprias destrezas e ousadias – coisa que não existe em nenhum país civilizado do mundo.

É claro que a essa categoria não pertencem apenas os jovens *office-boys* motorizados, chamados motobóis – na verdade, as maiores vítimas, pela imprudência juvenil e pela deseducação, desse perigoso "privilégio", que têm levado à multiplicação de acidentes no trânsito. Eles são até minoria, dentro de um contingente muito maior de motociclistas e/ou motoqueiros de várias profissões e todas as classes sociais, os quais se deseducaram em seu relacionamento com o próximo no espaço público – pois é isso o que faz a permissividade legal acoplada à impunidade endêmica. Atribuir esse desrespeito (que não se restringe a quebrar espelhinhos retrovisores) à "ganância" dos que encomendam serviços aos motobóis ou à "pressa" da vida contemporânea é bobagem clicheresca semelhante à de considerar a violência fruto exclusivo da pobreza. A "pressa" nos negócios não implica, necessariamente, o desrespeito dos (ou aos) cidadãos – em qualquer lugar do mundo.

A real causa disso – ou o berçário das bestas-feras – foi a irresponsabilidade lobística, disfarçada, contra o artigo 56, que se escondeu muito bem durante toda a tramitação do projeto de lei do código, no Congresso, de 1993 a 1997, para que, de mansinho, se chegasse ao surpreendente veto (certamente num dos momentos de apagão mental presidencial). Caso esse *lobby* "secreto" (como as motos que surgem de onde o pedestre menos espera...) se tivesse manifestado antes, nas comissões do Congresso ou no plenário, poderia ter sido contestado com o simples levantamento da legislação de outros países. E teria ficado claro, para o presidente da República, que, especialmente nas grandes cidades, como São Paulo, onde a disputa pelo espaço de locomoção – tornado exíguo pelo excesso de veículos, por deficiências do transporte coletivo e conseqüentes congestionamentos – pode chegar a acirramentos insuportáveis, o artigo 56 era parte indispensável e indissociável de um longo processo educativo e disciplinador de comportamento no trânsito, justamente o que o moderno Código de Trânsito Brasileiro, inspirado na melhor legislação internacional, pretendia conseguir.

Só para mencionar alguns exemplos: dispõe a lei espanhola (Real Decreto Legislativo 339/1990, artigo 13) que esses veículos circularão, obrigatoriamente, "por la derecha y lo más cerca posible del borde de la calzada, manteniendo la separación lateral suficiente para realizar el cruze con seguridad". No mesmo sentido, a lei italiana (Codice Della Strada, artigo 143) determina que "deveno circolare sulla parte destra della carreggiata e in prossimità del margine destro della medesima, anche quando la strada è libera". A portuguesa (Decreto Lei 114/94) enfatiza que só poderão circular "pelo lado direito da faixa de rodagem e o mais próximo possível das bermas e passeios, conservando destes uma distância que permita evitar acidentes". A francesa (Code de la Route, artigo R. 4-1) estabelece com rigor, sem privilegiar veículos de que número de rodas for, que, "les conducteurs doivent rester dans leur file". No Canadá e em estados norte-americanos, as regras variam em torno da citada norma para motos: "proibida a circulação entre as filas de carros" (*riding beetwen lanes prohibited*). E, na Inglaterra, o melhor depoimento a esse respeito vem de nosso colega de editoriais do *Estadão*, o motociclista Marco Antônio Rocha, que de tal forma se acostumou, em Londres, à proibição de andar entre os carros que, no Brasil, faz a mesma coisa: espera a vez nos semáforos, na fila, como se estivesse num carro – e não se sente nem um pouco prejudicado por essa corriqueira civilidade.

Em razão de meu artigo anterior sobre o assunto ("Impuníveis Bestas-feras"*), recebi grande quantidade de e-

---

*. Ver pp. 229-232.

mails de pessoas que se sentiam literalmente aterrorizadas ante reações violentas, desproporcionais, de grupos de motoqueiros, subitamente formados, porque um motorista não conseguiu deixar de esbarrar numa moto que "costurava" – todos os veículos têm seus pontos cegos. Foram depoimentos impressionantes, que falavam de espancamentos e de quase-linchamentos. Mas também recebi outros *e-mails*, de alguns grupos que pareciam bem organizados e interligados (nada que ver com motobóis), cujo traço comum era a linguagem intimidatória. Por exemplo, um engenheiro da Volkswagen (de nome Ralf G. Theil) usou o *e-mail* da prestigiosa montadora para avisar que meu "infeliz artigo" poderia acarretar-me "processo por calúnia, difamação e preconceito", e me fazer perder o "trabalho bem-remunerado no digno veículo de comunicação". No mesmo sentido, outros me "exigiram" uma rápida "retratação". Como se vê, é a mesma mentalidade dos que, talvez antes, até fossem pacatos e respeitadores cidadãos, mas, depois de "contemplados" com um descabido privilégio, e vendo-o contestado, reagem da mesma forma com que "argumentam", no trânsito, os que dão chutes nas latarias dos carros e espancam – sempre enturmados – quem ouse atrapalhar suas "vias variáveis".

Não haverá ninguém – no governo ou no Congresso – disposto a enfrentar o "*lobby* secreto" e acabar de vez com essa exuberante demonstração de subdesenvolvimento – social, comportamental e mental?

PENA DE MORTE

Em artigo publicado no *USA Today*, em março de 1997, o governador do estado de Nova York, George E. Pataki, fazia referência à contribuição que dera ao restabelecimento da pena de morte naquele estado. Ele dizia que a reintrodução da pena havia sido vetada por seus antecessores por 22 anos consecutivos, mesmo depois de restaurada, em 1976, pela Suprema Corte (que a abolira em 1972) e mesmo ante a longa luta da população por Justiça, em favor da segurança de suas comunidades, da diminuição das vítimas da criminalidade e da renovação das liberdades pessoais dos cidadãos (à vida e à locomoção). Estabelecendo, como primeira prioridade de seu governo, a obrigação de proteger os residentes do estado de Nova York contra o crime e a violência, o governador Petaki, imediatamente após sua posse, procurou reverter duas décadas de "medo do crime" (por parte dos cidadãos) que em sua opinião se ligava, di-

237

retamente, à "falta de medo da punição" (por parte dos facínoras), pelo que restituiu a eficácia intimidativa da pena de morte, como uma das principais bases de sua política de segurança pública. E os resultados foram patentes: Em dois anos, os crimes de morte em Nova York foram reduzidos em 23% e a criminalidade geral em 11%.

Esses dados são importantes porque um dos principais e "politicorretos" argumentos contrários à pena de morte é o das "estatísticas" (jamais apresentadas) segundo as quais onde implantada, ela não significou um refreio à criminalidade. Despreza-se a experiência histórica da sociedade norte-americana que, com todos os seus defeitos, erigiu uma Democracia com base na pluralidade de convicções (visto que seus pais fundadores fugiram da intolerância religiosa do velho mundo) e no rigor da lei. A pena capital é vigente – ou reinstaurada – em 38 Estados norte-americanos, entre os quais Califórnia, Colorado, Connecticut, Flórida, Illinois, Kansas, Michigan, Nevada, Novo México, Pensilvânia, Texas, Washington etc. E não é vigente em apenas doze estados, entre os quais Alasca e Havaí, sendo que em alguns deles se travam, no momento, acirradas batalhas legislativas para sua introdução, como em Maryland e Massachusetts – neste último o projeto perdeu por um voto, em 1996, depois que um parlamentar, na última hora, voltou atrás. Será que a imensa maioria daquela população – de três quartos dos estados norte-americanos, entre os quais os mais populosos – tem razões que de todo ignoramos?

Ah!, mas são os negros, hispânicos e pessoas de outras minorias étnicas os principais freqüentadores dos corredores da morte das prisões terminais ianques! – eis o segundo argumento "politicorretíssimo" . Será mesmo? De acordo com o U.S. Bureau of Justice Statistics (*apud Ten Anti-Death Penalty Fallacies, de Thomas R. Eddlem*), desde a restauração da pena capital pela Suprema Corte, em 1976, até 1.999, a maioria dos executados era de brancos, embora estes tivessem cometido 46,5% do assassinatos e os ne-

238

gros 51,5%. As filas do "corredor da morte", em 2000, continham 1.990 brancos, 1.535 negros e 68 de outras raças – sendo que, naquele ano, 49 dos 85 efetivamente executados eram brancos.

E quanto à possibilidade de erro judiciário – e execução de um inocente? Uma costumeira – e também "politicorretíssima – frase é esta". "Basta um único executado inocente para a pena de morte merecer total repúdio, pois ela é irreversível". Bem, trata-se de uma pretensão super-humana querer que o risco do erro elimine o benefício geral da norma ou da decisão. Será que o risco de erro médico – de conseqüências fatais – deve levar ao repúdio da necessária cirurgia, ou o risco de acidente – de consequências fatais – deve levar ao repúdio do transporte aéreo? O que mais choca nesse tipo de raciocínio, que se pretende contra os mínimos riscos, é o desprezo pelos riscos que correrão as vítimas de facínoras reincidentes, insensíveis e irrecuperáveis – estejam ou não presos. Mas afora o fato de os processos por crimes sujeitos à pena capital (nas democracias em que ela existe, bem entendido) estarem sujeitos a um rigor probatório muito maior, a tecnologia pericial – sobretudo em razão dos testes de DNA – confere cada vez mais precisão à atribuição da autoria, o que contribui para a diminuição (já que a eliminação é impossível) do erro judiciário.

No Brasil, o tema da pena de morte tem sido estigmatizado tanto por seus defensores de direita – que tentam confundi-la com o autoritarismo fascistóide do qual se sentem imbuídos – quanto por seus detratores de esquerda – que fazem idêntica confusão, por patrulhadora identificação. De ambos os lados, há um certo cinismo em não levar em conta a plena vigência, entre nós, de uma pena de morte de fato, traduzida nas execuções sumárias de bandidos, sem julgamento, sem processo e sem defesa, da mesma forma que se aceita, sem maior espanto, o pouquíssimo valor da cotação da vida humana, cuja demonstração mais trágica é o curto tempo de cumprimento de pena de quem mata e destrói, em alguns segundos, várias vidas – das vítimas e suas famílias –, eliminando num só ato todos os seus sonhos, esforços, projetos, afetos e futuro, e pagando por isso (quando paga) períodos de reclusão com duração equivalente à dos anos escolares.

No momento em que vivemos, no Brasil, uma assombrosa quebra de valores, que se reflete num brutal desrespeito à vida humana, é legítimo consultar à população, que é convocada a escolher governantes e representantes legislativos, em seguidas eleições, sobre como ela acha justo punir os autores dos crimes mais bestiais – como os que vitimaram os jovens namorados Liana e Felipe. Qual seria o resultado de um plebiscito sobre essa questão? (Nenhum instituto de pesquisa de opinião terá pensado a respeito?) É claro que a introdução da pena de morte no Brasil – que exigiria a alteração do artigo 5º, XLVII, da Constituição – não reduziria, isoladamente, a violência e a criminalidade, assim como seria impensável sem reformas profundas do Poder Judiciário e das leis penais, que pudessem recuperar a credibilidade da Justiça, perante a população. Mas uma emenda constitucional que cominasse a pena capital para crimes hediondos, praticados com extrema crueldade – como o seqüestro e o estupro seguidos de morte – não poderia se tornar o eixo motivador de um grande debate público, para retirar tais reformas da pasmaceira amorfa e anódina em que se encontram, enquanto o tecido social brasileiro se esgarça, pelo extremo desprezo ao direito à vida?

EMOÇÃO DE UM LIBERAL

O rabino Henry Sobel – que, como uma multidão de leitores, manifestou apoio à idéia de um plebiscito sobre a pena de morte, que propus em artigo anterior* – deu entrevistas favoráveis à pena capital e despertou uma curiosa reação de "afável" patrulhamento, que tanto leva embutido um disfarçado desrespeito à opinião alheia, quanto o medo do próprio debate, da argumentação desprovida de preconceitos ou falsas "certezas" prévias. Como o tema da pena de morte costuma ser desqualificado, pelos membros das Comissões dos Direitos Humanos dos Bandidos (CDHBs), como se associado estivesse à truculência repressiva das figuras carimbadas da direita e da Ditadura, e como Sobel tem um perfil histórico exatamente oposto a isso, porque sempre defendeu os (verdadeiros) Direitos Humanos, entre os quais o principal, que é o direito à vida (de todos os

*. Ver , "Por que Tanto Medo do Povo?", pp. 245-248.

241

cidadãos, não só dos bandidos), logo procuraram botar o rabino no colo e lhe aplicar umas suaves palmadinhas morais, tentando "justificar" suas palavras como produto, exclusivo, da emoção do momento – e não da reflexão profunda de quem tem uma grande responsabilidade, religiosa, comunitária e pública.

Disseram que o rabino é "muito emotivo", pois "antes" ele sempre defendera a vida (como se agora ele fosse "contra" a vida). Enquanto um padre católico, para condenar a pena de morte, evocava Tiradentes e Frei Caneca (como se fosse possível associá-los a Champinha e Pernambuco), um presidente de entidade judaica paulista se arvorava em falar "oficialmente", em nome do judaísmo – *urbi et orbi?* –, condenando a pena de morte – ambos sem levar em conta as divergências de opiniões internas, sobre o tema, nessas duas e em outras religiões, pois este é um assunto que jamais deixou de ser controvertido e sobre o qual não existe uma decisão religiosa "oficial".

É claro que os católicos têm a livre opção de aceitar ou não os argumentos do maior filósofo da Igreja, Santo Thomás de Aquino, que escreveu: "Se um homem é um perigo para a comunidade, ameaçando-a de desintegração por um crime seu, então sua execução, para a cura e a preservação do bem comum, é recomendável. Somente à autoridade pública – não pessoas particulares – é lícito executar malfeitores, por meio de julgamento público, e os homens só serão sentenciados à morte por crimes causadores de mal irreparável, ou particularmente perverso" (*Summa Theologica*, 11, 65-2; 66-6). Da mesma forma, qualquer judeu pode ser radicalmente contra a pena de morte, a ponto de condenar o Estado oficialmente judaico, Israel, por ter julgado, condenado e executado em seu território o carrasco nazista Adolf Eichmann. Mas em se tratando de Democracia, quaisquer convicções – sejam religiosas, éticas, jurídicas, ideológicas, políticas e de todo o gênero – só se transformam numa vontade coletiva institucionalizada, se aferidas pelo instrumento do voto. E haverá assunto mais apropriado a uma decisão plebiscitária – plenamente prevista na Constituição (art. 49, XV), a partir de convocação soberana do Congresso Nacional – do que o que diz respeito ao entendimento do valor da vida humana e do preço a pagar por sua eliminação?

A patrulha ao rabino Sobel teve lances surrealistas, mesmo por parte de pessoas públicas que sempre apreciaram o livre debate democrático e a aferição da vontade popular. Foi o caso de um senador (meu amigo) que telefonou para o rabino, como se quisesse convencê-lo de que as atrocidades praticadas contra o casal de namorados talvez fosse evitada se houvesse uma "garantia de renda mínima para essas pessoas", que "é o modo mais eficaz de reduzir a violência"... (Arre!)

Já o ministro da Secretaria Especial dos Direitos Humanos bateu na velha tecla de condenar sem argumentar, de referir a "dados" de outros países sem os apresentar. Se em noventa países do mundo existe pena de morte, tanto na democracia norte-americana quanto na China, com sua megapopulação passando por profundas transformações socioeconômicas; se em 38 dos cinqüenta estados norte-americanos, aí incluídos os maiores e mais importantes demográfica e economicamente, a pena de morte foi restabelecida após a suspensão feita pela Suprema Corte de 1972 a 1976, sendo que em 21 deles houve redução proporcional nos índices de crime de morte (como no estado de Nova York, cujos dados apresentei em artigo anterior) por que a população brasileira não tem direito de decidir sobre essa questão, com toda a incontestável evolução de sua consciência de cidadania?

Bem, dirão os convictos integrantes das CDHBs, não se pode resolver essas questões "com emoção". Mas a Magna Carta, a Revolução Francesa e a Revolução Americana – matrizes da Democracia moderna – não foram feitas com emoção? E na Guerra de Secessão, e na nossa Revolução Constitucionalista, e na derrubada do Muro de Berlim, e nas Diretas Já, e no *impeachment* do Collor, e na eleição do Lula, por acaso faltaram fortes emoções? Será que a frieza

243

de alma, o sangue de barata disfarçado de sabedoria jurídica, a indiferença em relação às dores lancinantes das infortunadas vítimas de bestas humanas – cujos projetos de recuperação não passam de uma cínica hipocrisia –, a falta de preocupação mais intensa, quanto aos riscos de vida que nossos filhos e as pessoas que mais nos são caras correm todos os dias, quando em alguns segundos um facínora pode destruir todos os sonhos de uma geração familiar, a despreocupação quanto aos reincidentes que até depois de longos anos de prisão voltam a matar, ou se transformam em feras incontroláveis dentro das prisões – com sua sobrevivência custando altíssimo para os honestos cidadãos prestantes – enfim, será que toda essa "distância" emocional é a melhor conselheira para que a vida humana, em nosso País, deixe de ser tão brutalmente desvalorizada?

O Rabino Sobel só errou quando, na carta de apoio que nos mandou, (publicada domingo no "Fórum de Leitores"), escreveu: "Diante de crimes hediondos, nosso liberalismo tem limites". Na verdade, o que ele demonstrou foi a incontida emoção, própria de um liberal da melhor estirpe, em seu generoso pacto, sem limites, pelo valor da vida humana.

POR QUE TANTO MEDO DO POVO?

Grandes juristas brasileiros, como Pontes de Miranda, Themistocles Cavalcanti e o nosso inesquecível mestre constitucionalista J. H. Meirelles Teixeira, defenderam os "controles democráticos diretos" do *plebiscito* e do *referendo* ("direct democratic cheks", como dizem os anglo-saxões) como uma forma complementar indispensável à Democracia Representativa. "Quanto maior a sua aptidão para a democracia, maior intervenção, e mais direta, deve ter o povo no governo da coisa pública" – dizia o professor Meirelles, na década de 1960 (*Curso de Direito Constitucional*, Forense Universitária, p. 428), antes que os militares julgassem que o povo brasileiro não tinha "aptidão para a democracia" e resolvessem tomar seu lugar.

De lá para cá, a sociedade brasileira tem dado provas exuberantes dessa aptidão, mas perduram os que se arvoram em substituí-la, por não a julgarem capaz de decidir sobre assuntos fundamentais, que afetam profundamente sua existência, entre os quais está o valor, o preço da vida humana, tão desrespeitada por facínoras, que a eliminam por mero desprezo, fúteis desejos ou simples diversão, e tão malbaratada pelos vaporosos prosélitos das CDHBs (Comissões dos Direitos Humanos dos Bandidos), que jamais se lembram dos direitos humanos das vítimas.

Há assuntos importantes demais para que sejam apenas "decididos" por pretensos especialistas. Por isso existe o Júri, instituição consagrada em nosso ordenamento jurídico, para o julgamento dos graves crimes de morte – em que o corpo de jurados é integrado por cidadãos comuns, e não especialistas em Direito ou qualquer outra coisa. O mesmo princípio rege os plebiscitos. Agora, se é legítimo um plebiscito – ou referendo – para decidir se as armas de fogo devem ser ou não abolidas no País, se é legítimo um plebiscito sobre a redução ou não da maioridade penal, mais legítimo ainda será um plebiscito para que o povo brasileiro decida, soberanamente, se deve ou não ser adotada a pena de morte, para os crimes hediondos mais escabrosos e cruéis, como os de tortura e estupro seguidos de morte e os de seqüestro e tortura seguidos de morte. É mais do que claro que *só isso* não refrearia a assombrosa escalada da criminalidade em nosso País – mas representaria, pelo menos, um choque ético sinalizador do valor da vida, num momento em que, por sobre todas as nossas carências sociais, esteja a absoluta carência de valores.

Por que tantos que se dizem defensores ferrenhos da manifestação da vontade popular, demonstram tanto medo na utilização desse democrático mecanismo de aferição da opinião do povo, previsto em nossa Constituição (art. 49. XV)? Certamente porque expostos estarão, numa campanha plebiscitária, muitos dos frágeis, falaciosos, preconceituosos – quando não retumbantemente falsos, em termos estatísticos – argumentos contrários à adoção da pena capital, geralmente baseados em afirmações sem qualquer comprovação (como o da não diminuição da criminalidade em sociedades que a adotaram) ou sem qualquer fundamento (como a "interpretação" de textos bíblicos que seriam contrários à pena de morte – sem menção à quantidade muito maior dos que são a favor).

Por terem passado por uma abolição temporária – de 1972 a 1976 – da pena de morte, os estados norte-americanos são os que mais se prestam a uma avaliação dos efeitos desse sistema sobre os índices da criminalidade. Há mais de trinta anos têm sido feitos estudos sobre isso. Uma pesquisa do sociólogo W. Bailey, de 1979/1980 (*Deterrent Effect of Capital Punishment*), em 37 Estados que adotaram a pena capital, detectou que em 24 deles a criminalidade foi reduzida, em 8 aumentou e em 5 permaneceu igual. Outro sociólogo, F. Carrington (*Neither Cruel Nor Unusual: The Case for Capital Punishment*, 1978, p. 92-100) observou que os assassinatos nos Estados Unidos aumentaram 100%, no período de moratória das execuções.

Outras comparações: Delaware, que é o Estado que executa a maior quantidade de assassinos (*per capita*) nos Estados Unidos, também é o que tem o menor índice de homicídios. O maior índice de assassinatos de Houston, no Texas, ocorreu em 1981, com 701 mortes. As execuções voltaram no Texas em 1982. Deste então, em Houston se executou mais condenados do que em qualquer outro município norte-americano. Resultado: de 701, em 1981, os assassinatos lá baixaram para 261 em 1996 – o que significa uma redução de 63% (*FBI, UCR*, 1982 e *Houston Chronicle*, 2/1/1997, p. 31A)

Não é sem razão, pois, que a pena de morte vigore nos estados de Alabama, Arizona, Arkansas, Califórnia, Colorado, Flórida, Geórgia, Idaho, Illinois, Indiana, Louisiana, Maryland, Mississippi, Missouri, Montana, New Hampshire, Nova Jersey, Novo México, Nova York, Carolina do Norte, Oregon, Pensilvânia, Carolina do Sul, Dakota do Sul, Tennessee, Virgínia, Washington, Wyoming, Connecticut, Delaware, Kansas, Kentucky, Nebraska, Nevada, Ohio, Oklahoma, Texas e Utah. E que não vigore (ou não tenha ainda voltado a vigorar) apenas nos estados do

Alaska, Hawaí, Iowa, Maine, Massachusetts (onde recentemente o projeto de reintrodução perdeu por apenas um voto, de última hora), Michigan, Minnesota, Dakota do Norte, Rhode Island, Vermont, Virgínia Ocidental e Wisconsin. O placar é 38 (onde estão os estados mais populosos e importantes) a 12. Será que aquele povo teria uma tremenda falta de consciência do valor da vida humana? E o que dizer do povo chinês? E o que dizer do povo árabe? (A Arábia Saudita tem um dos menores índices de homicídio do planeta.) O principal argumento de um membro reincidente de CDHBs paulista, em artigo contra a pena de morte, é o fato de ela "ser adotada pelos países árabes". Eis aí um deslavado preconceito, que não reconhece os valores éticos e culturais de uma civilização, que tem dado históricas e notáveis contribuições para as sociedades do planeta.

Enfim, por que tanto medo de o povo saber de tudo isso?

POR VIA DAS DÚVIDAS, PREPAREMO-NOS

Finalmente, as diligências, as acareações e os importantes depoimentos, obtidos pelo Ministério Público, estabeleceram as conexões que faltavam no caso Celso Daniel. E todas as informações que haviam prestado os irmãos do prefeito assassinado puderam, enfim, ser

Os Lusíadas – Canto II, 111

E não menos co´ o tempo se parece
O desejo de ouvir-te o que contares;
Que quem há que por fama não conhece
As obras Portuguesas singulares?
Não tanto desviado resplandece
Que nós o claro Sol, para julgares
Que os Melidanos tem tão rudo peito,
Que não estimem muito um grande feito.

Não se trata apenas de exigir que a majestade do cargo presidencial siga uma ritualística protocolar semelhante à posta em prática pelas nações desenvolvidas contemporâneas, que têm adotado o regime da democracia representativa, no qual as figuras públicas dos chefes de Estado e/ou governo consubstanciam, simbolicamente, o Poder da Nação, e como tal têm que merecer e dar-se ao devido respeito. Trata-se, também, de não rebaixar a imagem do País, confundindo-o com republiquetas de bananas, governadas por sobas histriônicos e folclóricos do tipo Idi Amin Dada ou "Papa Doc", que podem proferir impunemente seus disparates sob a cobertura de uma indulgência geral, como se estivessem acima de quaisquer regras comezinhas de compostura do Poder. Pois, na verdade, as inacreditáveis frases pronunciadas, recentemente, por quem ocupa o mais alto

SALADA DE PEPINO À TEQUILA

Descasque o pepino cortando suas duas extremidades, esfregue-as no lugar de onde foram retiradas (para tirar o amargor). Corte-o em fatias finas e deixe-o de molho em meia xícara (das de chá) de tequila, até a hora de servir. Depois tempere somente com sal, pimenta, salsa picada e suco de limão.

Foi um trabalho exaustivo, o realizado pela Polícia Federal. A operação envolveu efetivos deslocados para vários Estados, a pesquisa em milhares de documentos, o exame da memória de vários computadores apreendidos, tanto quanto várias gravações de conversas telefônicas, devidamente autorizadas pela Justiça. Investigou-se, em pormenores, a natureza do trabalho de Waldomiro Diniz, enquanto intermediário do Congresso Nacional com a Casa Civil, e foi aí que se descobriu todo o

OS LUSÍADAS – CANTO VIII, 63

Se porventura vindes desterrados,
Como já foram homens de alta sorte,
Em meu Reino sereis agasalhados,
Que toda a terra é pátria para o forte;
Ou se pirata sois, ao mar usados,
Dizei-me sem temor de infâmia ou morte,

250

Que, por se sustentar, em toda idade
Tudo faz a vital necessidade.

Conforme decreto recentemente publicado e ao qual
não foi dada maior divulgação, para registrar pedidos de
patentes, contratos de tecnologia e o que mais se refira a
direitos autorais, o interessado deverá ser submetido a um
teste político-ideológico, destinado a avaliar até que ponto
a solicitação encaminhada ao Instituto Nacional da Propriedade Industrial (Inpi) atende às diretrizes governamentais, em termos de valorização dos aspectos sociais,
regionais e estratégicos da política industrial desenvolvida
pelo governo. O problema é que por trás desse inacreditável patrulhamento não estão apenas os

Rolinhos de lula ao molho de cana

Deixe em banho-maria o molusco cortado em pequenos pe-
daços, temperado com sal, limão, pimenta, azeite e uma pequena
medida de aguardente. Enquanto isso prepare a massa, batendo os
ovos com farinha de trigo, fubá e um rolete de cana passado no
liquidificador. Depois misture tudo na frigideira untada de marga-
rina e frite, até ficar crocante.

Durante a reunião, praticamente todos os cem convidados pelos representantes do governo para discutir as novas diretrizes introduzidas nas leis de incentivo à Cultura
por meio da renúncia fiscal se opuseram – por vezes até
com veemência – à minuta que lhes foi apresentada. Qual
não foi a surpresa que muitos tiveram quando viram, no
site governamental que tratou do assunto, a afirmação de
que a "classe" havia apoiado maciçamente a

Os Lusíadas – Canto VI, 57

Porém depois, tocado de ambição
E glória de mandar, amara e bela,
Vai cometer Fernando de Aragão,
Sobre o potente Reino de Castela.
Ajunta-se a inimiga multidão

Das soberbas e várias gentes dela,
Desde Cádis ao alto Pirineu,
Que tudo ao Rei Fernando obedeceu.

O autoritarismo deriva da ignorância, a ignorância deriva do autoritarismo ou tais características são suficientemente autônomas para poderem se tornar associáveis? Essa questão poderia até ser objeto de mera lucubração acadêmica se os fatos de nossa política contemporânea não levassem a constatar a notória relação entre

TRUTAS À CANJEBRINA EMBRULHADAS

Lave as trutas, enxugue-as, coloque cada uma delas sobre uma folha de papel de alumínio. Cubra-as com uma rodela de limão e um galho de alecrim, salpique com sal e pimenta do reino, junte um dente de alho, coloque uma colher (das de chá) de cachaça e outra de manteiga em cada cartucho, feche bem e leve ao forno quente por 20 minutos.

Todo o sistema eleitoral de uma Democracia em processo de consolidação, como a nossa, tem por base conceitual a igualdade de oportunidades e a neutralização de poderosas influências – a principal das quais é a do chamado poder econômico – em favor de candidatos ou partidos. Ainda que na prática tais cuidados possam levar a exageros de regras e impedimentos, como é o caso da rigidez do "horário gratuito" eleitoral no rádio e na TV, certo é que a legislação e a Justiça Eleitoral cuidam do escrúpulo ético a ser mantido, no tocante ao financiamento das campanhas eleitorais. Por isso é que é chocante o fato de nas reuniões mantidas pelo governo com empresários interessados em participar de projetos no âmbito das PPP*, o tema mais discutido seja o da "necessidade reeleitoral" que alguns ministros já estão

---

*. Parceria Público-Privada.

Os Lusíadas – Canto X, 54

Mas aquela fatal necessidade,
De que ninguém se exime dos humanos,
Ilustrado co´a Régia dignidade,
Te tirará do mundo e seus enganos.
Outro Meneses logo, cuja idade
É maior na prudência que nos anos,
Governará; e fará o ditoso Henrique
Que perpétua memória dele fique.

MAURO CHAVES
Breve Currículo

Atividade Jornalística

Editorialista e articulista do jornal *O Estado de S. Paulo* (1981-1993 e 1999 até hoje); articulista do *Jornal da Tarde* (de 1979 a 1981); comentarista político da Rádio Eldorado (de 1989 a 1992).

Peças teatrais

Os Executivos – Prêmio SNT (Serviço Nacional de Teatro), encenada no Teatro São Pedro, em São Paulo, direção de Silnei Siqueira, com Beatriz Segall, Jonas Bloch, Edwin Luisi, Ariclê Perez, Serafim Gonzales, Rubens Teixeira; cenário de Gianni Ratto, música de Paulo Herculano.

Cabeça & Corpo – Prêmio Governador do Estado de São Paulo, Troféu Mambembe do Instituto Nacional de Artes Cênicas (Inacen), encenada no Teatro Anchieta, em São Paulo, e posteriormente nos teatros municipais João Caetano e Paulo Eiró, tendo no elenco Eliane Giardini, Umberto Magnani, José Carlos de Andrade e Arnaldo Dias, com música de Almeida Prado.

Alvará de Conservação – Prêmio de Publicação do Instituto Estadual do Livro do Rio Grande do Sul.

O Virulêncio – Prêmio Anchieta da Secretaria de Cultura do Estado de São Paulo, publicada pela Imprensa Oficial do Estado.

As Herdeiras – Prêmio Leitura do SNT – tendo tido leitura pública no Teatro de Arena com Paulo Autran, Paulo Betti, Eliane Giardini e outros.

Agite Antes de Usar – Prêmio Leitura da Secretaria de Cultura do Estado de São Paulo, tendo tido leitura – pública – com Marilia Pera, Sandra Pera, Odilon Wagner e outros.

Beethoven – peça encenada no Teatro Sérgio Cardoso, em São Paulo, sob direção de Maurice Vaneau, com produção do autor e tendo no elenco, como protagonistas, Stênio Garcia e Ester Goes, e mais Amaury Alvarez, Gustavo Engracia, Luiz Baccelli, Luis Serra, Márcia Barros, Rafaela Puopolo, Ricardo Fornara, Robson Loddo e coreografia de Célia Gouvêa.

Corre na Veia – (musical)

Argumentos e roteiros cinematográficos:

Sede de Amar (ou *Capuzes Negros*) – Filme de longa metragem dirigido por Carlos Reichenbach, com Sandra Bréa, Luiz Gustavo, Roberto Maia, Renato Master, Oswaldo Barreto e outros.

O Cafofo – argumento e roteiro.

Trilhas sonoras:

Original, para o filme *Sede de Amar*, com arranjos de Edgar Thomé.

Original, para o musical *Corre na Veia* – com arranjos de Murilo Alvarenga, gravado em CD por Jean Garfunkel, Malu Rocha, Hamilton Moreno e Rita Valente.

Original, para o argumento e roteiro de *O Cafofo*, com arranjos de Edgar Thomé.

Original, para a peça *O Virulêncio*.

Livros:

Adaptação do Funcionário Ruam – Ficção política publicada pela Perspectiva, São Paulo. Prêmio Pen Club, categoria Romance.

Contravérbios – Livro de humor (com ilustrações de Gustavo Rosa) publicado pela Civilização Brasileira, Rio de Janeiro

O Dólar Azul – Seleção de crônicas e artigos publicada pela Summus, São Paulo.

Três Contos Artificiais – Contos (Revista dos Tribunais)

Os Executivos – (MEC/Funarte)

O Virulêncio – Publicado pela Imesp.

Ensaios

"Grupo Oficina Brasil e a Eclosão Irracionalista" – 1º Lugar no Concurso Nacional da ACCT (Associação Carioca de Críticos de Teatro), publicado pela revista *Cultura*, do MEC.

"A Evolução das Idéias no Brasil" – Publicado pelo Instituto de Biociências, Letras e Ciências Exatas da Universidade Estadual Paulista "Julio de Mesquita Filho" Unesp, de São José do Rio Preto, sob a supervisão de Aziz Nacib Ab'Sáber.

Artes Plásticas

Alea – Exposição individual de pinturas a óleo em maio de 2003, na Casa da Fazenda do Morumbi, São Paulo.

A Gosto – Exposição coletiva de pinturas a óleo na Casa da Fazenda do Morumbi, em agosto de 2003.

Chapel Art Show – Exposição coletiva na Chapel, São Paulo, em outubro de 2003.

Flores e Formas – Exposição coletiva na Casa da Fazenda do Morumbi, em outubro de 2003

Uma Viagem de 450 Anos – Exposição coletiva das "malas" em homenagem a São Paulo, com curadoria de Radha Abramo, no Sesc Pompéia, em março de 2004.

Cursos

Direito (PUC-SP), Administração de Empresas (pós –graduado pela FGV-SP), Filosofia (USP), Escola de Comunicação e Artes (pós-graduação na ECA-USP), Escola Superior de Cinema (São Luiz), Línguas (The American University, Washington D.C.)

Outras atividades

Administração de empresa, produções culturais, palestras.

As idéia

Com tantos levantamentos e balanços que têm sido feitos final de século e tal-

Atendendo a insistentes pedidos de leitores e amigos, retomo o velho rol.
■ Estou implicando muito com essa mania de se "solar" o *Hino Nacional*, à capela, antes de cerimônias ou grandes disputas esporti-

A idéia é que uma tremenda demagogia iniciada no governo FHC, implantada nos governos estaduais de ACM e Garotinho e, agora, prestes a tornar um

Dize que passarinhos preferem os eucaliptais às matas nativas

A destruição completa das torres gêmeas, símbolo notório da prosperidade norte-americana, entre outras coisas mostrou a capacidade de demolidora do olho gordo. Bryan pleyard, go no T day Tinizações produz **Esta** 30/9

...íssima premiação que fez o País conquistar – ainda não repetida, depois de décadas, apesar da grande evolução do cinema nacional.
■ Por outro la...
...as pes... da char...osa governadora maranhense – fruto da antecipação ilegal de um maciço

Quem não sup suce

O aparecimento desnorteante das organizações não-governamentais (ONGs) no mundo inteiro e no ... , seu poder ...cente de in...cia na vida ...ômica, so...lítica, ju-

Há um grupo que parece especializado em deton...

Desde 1985

tos de result... são 3, de jov... dantes nhados gios, 110 presas c... das, 14 n... las atua... parceria, ju... dades op... nais loca...

O CHAVES

ierico de séc...

AMORO CHAVES

erra racial no Brasil?

que, junto a tras mino- as, os negros m enfrentado. essa política, que não "com- pensa" nada – porque fere aqui- lo que está por sobre quaisquer aparentes... gen... – de N...

tas de "white" e "coloured" em banheiros de lanchone- tes da própria Washington (como um garoto brasileiro que então lá estudava – eu mesmo – pôde testemunhar, horrorizado). E, afora a cir- cunstância de a sociedade norte-americana não mos- trar, nem remotamente, um grau de miscigenação seme- lhante ao nosso, as prése...

leira em relação aos desc dentes dos africanos qu ram escravos no Bras este seria um dos pri argumentos a favor tica compensatória tas –, é preciso ir que ponto os jov landos de hoje se respons...

Comenta-se nos meios financei- ros de Washington que a decisão de Federal Reserve Board em criar o novo dólar também se origina da pressão dos Bancos Centrais de mui- tos países afetados por grande e sé- ria clandestina de divisas. Houve sérias objeções à medida por parte do Senado norte-americano, espe- cialmente em virtude de o velho pa- pel-moeda verde ter sua configura- ção já consagrada por séculos de tradição. Os senadores mais antigos e tradicionalistas – especialmente do Partido Republicano – com enorme esforço ainda conseguiram preservar, no dólar novo, aqueles dizeres inscritos no papel-moeda ve- lho, a saber: "In God we trust", "This note is legal tender for all debts, Public and Private". Mas não conseguiram impedir, por exemplo, a mudança do Retrato de Franklin pelo de John Kennedy, na nota de 100 dólares.

Para procederem à devida subs- gem. Há os que costumam se do- ferir-se a "recentes estudos na que demonstram isso ou aquilo (sem mostrar que estu- dos são esses e como podem ser devidamente avaliados). Por exemplo, há quem invo- a condição de "técnico" em silvicultura para fazer o panegírico dos eucaliptais. Até aí se compreende, pois é importante a produção de ce- lulose e artefatos de madeira nientes do eucalipto, o...

É possível até que o próprio pre- sidente Reagan, de temperamento eminentemente conservador não se tenha entusiasmado muito com a mudança. Mas é notório que o Fede- ral Reserve Board, responsável por toda a política monetária norte- americana, dispõe de uma autono- mia quase que absoluta, em relação ao governo – ao inverso do que ocorre com a maioria dos bancos centrais europeus, e especialmente com os dos países do Terceiro Mun- do. Assim, a criação do novo dólar, segundo a opinião dos comentaris- tas econômicos dos principais jor- nais dos EUA (tais como "New York Times", "Washington Post" "Wall Street Journal", "Los Angeles Ti- mes", etc.), deveu-se, em grande par- te, à firme determinação do presi- dente do FED, Paul Volcker – que defendia entusiasmadamente a idéia, desde que elaborou tese de PHd a respeito, na Universidade de Cornell.

Qualquer um que possua dóla- res, pois, está avisado: se não troca- los no Banco Central dentro de dois meses – a contar do dia 15 de junho passado), ficará apenas com aqueles papéis-verdes, sem nenhum valor.

P.S. Para tranquilidade dos "do- letros" que leram o presente artigo até aqui, sem ter tido um enfarte, comunico que este é mera ficção. Em todo caso, que lhes fique a adverten- cia: e isso de fato acontecer?

...as. Tome-se a reportagem ista inglesa , segundo a soja estaria oresta a... or...

...mação, q... zônia Legal

POLÍTICA NA PERSPECTIVA

Peru: Da Oligarquia Econômica à Militar, Arnaldo Pedroso d'Horta (D029)
Entre o Passado e o Futuro, Hannah Arendt (D064)
Crises da República, Hannah Arendt (D085)
O Sistema Político Brasileiro, Celso Lafer (D118)
Poder e Legitimidade, José Eduardo Faria (D148)
O Brasil e a Crise Mundial, Celso Lafer (D188)
Do Anti-Sionismo ao Anti-Semitismo, Léon Poliakov (D208)
Eu não Disse?, Mauro Chaves (D300)
Sociedade, Mudança e Política, Hélio Jaguaribe (E038)
Desenvolvimento Político, Hélio Jaguaribe (E039)
Crises e Alternativas da América Latina, Hélio Jaguaribe (E040)
Os Direitos Humanos como Tema Global, José Augusto Lindgren
    Alves (E144)
Norbert Elias, a Política e a História, Alain Garrigou e Bernard
    Lacroix (E167)
Joaquim Nabuco, Paula Beiguelman (LSC)
A Identidade Internacional do Brasil e a Política Externa Brasileira,
    Celso Lafer (LSC)

COLEÇÃO DEBATES
(Últimos Lançamentos)

285. *O Grau Zero do Escreviver*, José Lino Grünewald.
286. *Literatura e Música: Modulações Pós-Coloniais*, Solange R. de Oliveira.
287. *Crise das Matrizes Espaciais*, Fábio Duarte.
288. *Cinema: Arte & Indústria*, Anatol Rosenfeld.
289. *Paixão Segundo a Ópera*, Jorge Coli.
290. *Alex Viany: Crítico e Historiador*, Arthur Autran.
291. *George Steiner: À Luz de si Mesmo*, Ramin Jahanbegloo.
292. *Um Ofício Perigoso*, Luciano Canfora.
293. *Som-imagem no Cinema*, Luiz Adelmo Fernandes Manzano.
294. *O Desafio do Islã e Outros Desafios*, Roberto Romano.
295. *Ponto de Fuga*, Jorge Coli.
296. *Adeus a Emmanuel Lévinas*, Jacques Derrida.
297. *Platão: Uma Poética para a Filosofia*, Paulo Butti de Lima.
298. *O Teatro É Necessário?*, Denis Guénoun.
299. *Ética e Cultura*, Danilo Santos de Miranda (org.).
300. *Eu não Disse?*, Mauro Chaves.

IMPRESSÃO E ACABAMENTO
Bartira Gráfica e Editora S/A